AF312901

LA GNOMONIQUE,

OU LA SCIENCE DES CADRANS,

Par M. BLAISE,
Maître de Mathématiques.

A PARIS,

Chez Antoine Boudet, ruë Saint Jacques.

M. DCC. XLIV.

AVEC PERMISSION.

PRÉFACE.

L A Gnomonique eſt une des plus curieu-
ſes parties des Mathématiques: l'inven-
tion de cette ſcience prouve bien l'excellence
& la ſublimité de l'eſprit humain. Les Cadrans
qu'elle a pour objets, ſont des eſpeces de
miroirs dans leſquels le tems ſe trouve diviſé
en parties égales avec la regle & le compas,
qui repréſentent le cours du Soleil, fixent ſes
pas, & montrent ſon lieu dans l'Ecliptique.
On n'a donc pû parvenir à la connoiſſance de
cette ſcience que par celle de la Géometrie
& de l'Aſtronomie dont elle ſuppoſe les principes. L'utilité de la Gnomonique a engagé
les premiers hommes à ſon étude, & a déterminé en différens ſiécles des plumes cé-
lébres à en expoſer les regles, cependant
quelques reſpectables qu'elles ſoient; il paroît par le témoignage du Public qu'il lui
reſte quelque choſe de plus claire, de plus
ſenſible, de plus palpable à deſirer, & qu'il
ne paroît pas abſolument ſatisfait de tout ce
qui lui a été préſenté ſur cette matiere, c'eſt
ce qui m'a porté à lui offrir ce petit Ouvrage
dans lequel je tâche d'éviter les écueils dans
leſquels pluſieurs Auteurs ſont tombés.

Je donne d'abord un petit traité de la Sphe-
re, puis j'explique les regles particulieres des
Cadrans ſimples, qui ſont l'équinoxial, l'hori-

zontal, le méridional, le feptentrional, l'oriental, l'occidental & le polaire ; enfin je donne une méthode générale pour décrire les Cadrans compofés, c'eft à-dire, les Cadrans verticaux déclinans & les inclinés, cette méthode eft d'autant plus fimple, qu'elle ne dépend que de deux points d'ombre & de la déclinaifon du Soleil, fans qu'il foit befoin de connoître la déclinaifon ou inclinaifon du plan du Cadran, j'évite par-là plufieurs opérations Aftronomiques difficiles à exécuter avec juftefle pour connoître la pofition du Cadran. D'ailleurs pour rendre ce traité moins ennuyeux & difficile, je n'employe pas le centre divifeur, toutes les regles que je donne s'exécutent à la regle & au compas, & font toutes démontrées par le même principe.

Ce fera au Public à juger fi j'ai réuffi dans mes vûes, en me renfermant dans les bornes étroites que je me fuis prefcrites, je croirai pouvoir me flatter d'avoir fatisfait à mes engagemens, fi l'expérience peut faire connoître que je n'ai rien avancé qui ne fe pratique avec fuccès par ceux qui voudront fe fervir de ma méthode.

AVERTISSEMENT.

Q Uand on trouve une parentefe dans une démonftration, par exemple, (def. 19.) cela veut dire par la définition 19. Pareillement cette expreffion (Rem. def. 26.) fignifie par la remarque de la définition 26. Celle-ci (prob. 11.) défigne par le problême 11, &c.

A MONSIEUR

DE TOURNY,

CONSEILLER DU ROY

EN SES CONSEILS,

'AVOCAT GENERAL DE SA MAJESTE'

AU CHASTELET DE PARIS.

MONSIEUR,

*Si c'est un usage constant d'offrir les
fruits de nos veilles à ceux qui nous ho-*

EPISTRE.

norent de leur bienveillance & de leur pro-
tection, à qui sont-ils plus légitimement
dûs qu'à vous, MONSIEUR, qui
m'avez si généreusement accordé l'une
& l'autre ? Daignez donc, s'il vous
plaît, me permettre d'orner de votre nom
le frontispice d'un Livre qui fait partie
d'une science que vous regardez comme
utile & agréable. Dans les conférences de
Mathématiques que j'ai eu l'honneur d'avoir
avec vous, j'ai parfaitement connu le goût
décidé que vous aviez non-seulement pour
elles, mais j'ai eu lieu de prévoir ce que
vous seriez un jour, c'est-à-dire, capable
de remplir les places les plus éminentes de
la Magistrature. L'étude des Loix ne vous
a pas empéché de cultiver le penchant que
vous avez toûjours eu pour les connoissan-
ces les plus sublimes, & l'éloquent discours
que vous venez de prononcer à l'ouverture
des Séances de votre Compagnie avec un
applaudissement universel, est un témoignage authentique de votre gout pour les Belles-
Lettres, ayant trouvé moyen d'y réunir la

qualité de parfait Orateur avec celle de profond Jurisconsulte. C'est ainsi que les plus grands Magistrats sont parvenus aux rangs les plus distingués, après avoir donné dans les différens degrés d'honneur par lesquels ils ont successivement passés, des preuves anticipées de ce qu'ils devoient être un jour. C'est sans doute la route qu'a suivi M. votre Pere pour mériter aujourd'hui la confiance du Roy, & parvenir au rang qu'il occupe avec tant de distinction & dans lequel il sçait si sagement concilier les interêts du Prince avec ceux d'une des plus considérables Provinces du Royaume, ce sont, MONSIEUR, des traces respectables sur lesquels vous marchez d'un pas rapide, qui nous assurent de vous voir (dans le plus brillant de vos jours) prématurément aspirer au but où l'on n'arrive ordinairement que dans un âge plus avancé.

Quel relief n'ose point espérer mon Ouvrage sous vos auspices, & que ne dois-je point attendre des suffrages du Public, lorsqu'il le verra paroître muni du sçeau

de votre approbation ? Agréez , je vous
en supplie , les sentimens d'une éternelle
reconnoissance & du dévouement respectueux
avec lequel j'ai l'honneur d'être ,

MONSIEUR;

Votre très-humble &
très-obéissant Servi-
teur BLAISE.

LA GNOMONIQUE

OU LA

SCIENCE DES CADRANS.

DE'FINITION PREMIERE.

*A Gnomonique* est une science qui enseigne à tracer les Cadrans Solaires & Lunaires.

On l'appelle *Gnomonique* à cause d'un Gnomon ou Stile qui montre les heures du jour par son ombre.

Je ne parlerai dans cet Ouvrage que des Cadrans Solaires.

LIVRE PREMIER.

De la Sphére.

SUPPOSITION PREMIERE.

On suppose que le monde est rond comme une boule, & qu'il y a deux points diamétralement opposés immobiles entre lesquels tous les astres font leurs révolutions.

Cette hypothèse est fondée sur les observations des Astronomes, les étoilés & les planetes décrivent

A

des aires circulaires ou elliptiques paralleles entre elles ; d'où il fuit que l'on peut confidérer le Ciel comme la furface d'un globe , & que le mouvement du Ciel peut être figuré par le mouvement d'un globe autour de fon axe.

Supposition II.

Par les deux points du Ciel diamétralement oppofés im- mobiles entre lefquels les Aftres décrivent des aires paral- leles , on imagine une ligne droite que l'on appelle Axe du monde *, les deux extrémités de cette ligne droite font ap- pellées* Poles *du monde.*

Remarque.

Le pole boreal ou arctique *eft près de la conftellation de la grande Ourfe,* le pole méridional *eft du côté du midi dia- métralement oppofé au pole arctique , c'eft pourquoi on le nomme pole antarctique.*

De'finition II.

La Sphére eft un inftrument qui repréfente les cer- cles que l'on imagine dans le Ciel pour expliquer les mouvemens & les apparences des corps céleftes , en un mot c'eft le monde en petit.

Scolie.

Elle eft compofée de fix grands cercles , & quatre pe- tis , & d'un axe.

Les fix grands cercles font l'Equateur , le Méridien, l'Ecliptique , l'Horifon & les deux colures.

Les quatre petits cercles font les deux tropiques , & les deux polaires.

De l'Equateur.

DÉFINITION III.

L'*Equateur* est un grand cercle de la Sphére qui la divise en deux parties égales, sçavoir en partie Septentrionale & en partie Méridionale.

REMARQUE.

L'Equateur de la Sphére représente un grand cercle dans le Ciel, qui a tous les points de sa circonférence éloignés chacun de 90. dégrés des poles du monde. Soit une Sphére Fig. 1. *NMKL, que les points* P, Q, *de sa surface soient diamétralement opposés, que le point* P *représente le pole septentrional du monde, le point* Q, *représentera le pole méridional par la supposition seconde: cela étant, si on suppose que la droite* BF *soit le diametre d'un cercle qui divise la Sphére en deux Hémispheres égaux,* BPF, BQF, *ou que la circonférence de ce cercle soit par tout éloignée de 90. dégrés des poles* P & Q, *ce cercle sera l'Equateur de la Sphére, & montrera l'Equateur du monde, la moitié* BPF *de la Sphére représentera l'hémisphére septentrional du monde, l'autre moitié* BQF *figurera l'hémisphére méridional.*

Premiere conséquence.

Puisque les poles P, Q, du monde ou de la Sphére NMKL, sont éloignés de 90. dégrés de tous les points de la circonférence de l'Equateur BF, il suit que l'axe PQ du monde est d'équerre ou perpendiculaire sur l'Equateur BF, c'est-à-dire, au plan du cercle qui a la ligne BF pour diametre. Donc aussi le rayon BI de l'Equateur est d'équerre avec l'axe du monde PQ.

A ij

Seconde Conséquence.

L'axe du monde paſſe par le centre de l'Equateur , ainſi l'axe PQ paſſe par le centre de l'Equateur BF , ou du cercle qui a pour diametre la ligne BF.

De l'Horiſon.

DÉFINITION IV.

IL y a deux ſortes d'Horiſon , ſçavoir l'Horiſon ſenſible & l'Horiſon rationel ou aſtronomique.

1°. *L'Horiſon ſenſible* c'eſt l'étendue de pays qu'un homme poſé en raſe campagne découvre à la ronde & qui ſemble terminée par le Ciel.

2°. *L'Horiſon rationel ou aſtronomique* eſt un grand cercle parallele à l'Horiſon ſenſible paſſant par le centre de la terre (que l'on conſidére ici comme le centre du monde).

Premiere Conséquence.

Par conſéquent l'Horiſon ſenſible eſt diſtant de l'Horiſon aſtronomique du demi-diametre de la terre.

Seconde Conséquence.

Il y a autant d'Horiſons différens que de points ſur la ſurface de la terre ; Paris a ſon Horiſon différent de l'Horiſon de Rome , celui-ci n'eſt pas le même que celui de Vienne en Autriche , &c.

Du Zenith & du Nadir.

DE'FINITION V.

SI on éleve une ligne droite perpendiculaire ou verticale ou d'aplomb sur l'Horison, & qu'on l'imagine prolongée de part & d'autre jusqu'au Ciel, son extrémité supérieure sera ce qu'on appelle *Zenith*; son extrémité inférieure est appellée *Nadir*.

Premiere Conséquence.

Par conséquent le Zenit d'un point de la terre & l'extrémité du rayon de la terre qui passe par ce point, & qui est prolongé jusqu'au firmament; le Nadir est le point inférieur du firmament & diamétralement opposé au Zenith.

Seconde Conséquence.

Chaque point de la surface de la terre a son Zenith & son Nadir particulier.

REMARQUE.

L'Horison divise la Sphére ou le monde en deux hémispheres égaux, dont l'un est visible, & l'autre invisible.

L'Horison montre les points du lever & du coucher des astres.

Du Méridien.

DE'FINITION VI.

LEs *Méridiens* sont des grands cercles de la Sphére Fig. 2. qui passent par ses poles, & qui ont pour diametre l'axe de la Sphére; ainsi le cercle PBQFB qui passe

par les poles P , Q , de la Sphére , & qui a pour
diametre l'axe PQ , est un Méridien.

REMARQUE.

*Le Méridien propre d'un lieu ou point de la terre est le
cercle qui passe par les poles du monde & par le Zenith
de ce lieu ; ainsi le Méridien de Paris est celui qui passe
par le Zenith de Paris ; le Méridien de Rome est celui
qui passe par le Zenith de Rome.*

*Le Méridien propre d'un lieu divise en deux également
l'arc que le Soleil d'écrit sur l'Horison de ce lieu depuis
son lever jusqu'à son coucher , c'est-à-dire , qu'il est midi à
ce lieu lorsque le Soleil est dans le Méridien de ce lieu.*

Premiere Conséquence.

Il y a autant de Méridiens que de points dans la
circonférence de l'Equateur , puisque par chaque
point de la circonférence de l'Equateur , & par les
poles du monde on peut concevoir des grands cercles
qui auront pour diametre commun l'axe du monde.

Seconde Conséquence.

L'Equateur est d'équerre ou perpendiculaire avec
le Méridien ; car par la premiere conséquence de la
définition III. l'axe du monde est d'équerre avec l'E-
quateur ; donc puisque tous les Méridiens ont l'axe
du monde pour diametre commun , tous les Méridiens coupent à angles droits le plan de l'Equateur.

Troisiéme Conséquence.

De plus , puisque par la seconde Conséquence ,
définition III. l'axe du monde passe par le centre de
l'Equateur , tous les Méridiens y passent aussi..

Quatriéme Conséquence.

Puisque l'Equateur est perpendiculaire au Méridien, l'arc du Méridien , compris entre la circonférence de l'Equateur & les poles du monde , est de 90. dégrés.

De l'Ecliptique.

DÉFINITION VII.

L'*Ecliptique* est un grand cercle de la Sphére qui fait avec l'Equateur un angle de 23. dégrés 30. minutes à peu près.   Fig. 2.

Ainsi supposant que le cercle AGBHA soit l'Equateur , & qu'un autre cercle EGFHE fasse avec l'Equateur l'angle AHE , où son opposé au sommet FHB de 23°. 30′. ce second cercle EGFHE sera l'Ecliptique.

REMARQUE I.

Il y a quatre points à considérer dans l'Ecliptique qui divisent sa circonférence en quatre arcs de chacun 90. dégrés , ce sont les points des Equinoxes & des Solstices.   Fig. 2.

Les points des Equinoxes sont ceux ou l'Equateur & l'Ecliptique s'entrecoupent.

Les points des Solstices sont ceux de l'Ecliptique les plus éloignés de la circonférence de l'Equateur.

Par exemple si AB *est l'Equateur ,* EF *l'Ecliptique , les deux points* G , H , *dans lesquels l'Equateur & l'Ecliptique s'entrecoupent , sont les points des Equinoxes ; les deux points* E , F , *de l'Ecliptique les plus éloignés de l'Equateur* AB , *sont les points des Solstices.*

Notez que le Méridien CD *qui passe par les points des Equinoxes est appellé colure des Equinoxes ; & que le Méridien* ABCDA *qui passe par les points* E , F , *des Solstices , est le colure des Solstices.*

REMARQUE II.

Une moitié de l'Ecliptique est dans la partie boreale du   Fig. 2.

monde , l'autre moitié dans la partie auſtrale. Car ſuppo-
ſant que le point C *ſoit le pole ſeptentrional du monde ,* & *le*
point D *le pole méridional ,* AB *l'Equateur ,* EF *l'E-*
cliptique , il eſt évident que la moitié HFG *de l'Eclip-*
tique eſt dans la partie Septentrionale BCA *du monde ,* &
que ſon autre moitié HEG *eſt dans la partie Méridio-*
nale BDA.

REMARQUE III.

Fig. 2.　　　*La moitié de l'Ecliptique* HFG *qui eſt dans la partie*
ſeptentrionale du monde eſt diviſée en ſix arcs égaux , l'au-
tre moitié HEG *eſt auſſi diviſée en ſix arcs égaux ; ces*
12. arcs égaux ſont occupés par 12. *Signes ou Conſtella-*
tions , ſix dans la partie ſeptentrionale & *ſix dans la par-*
tie méridionale.

　　Les ſignes ſeptentrionaux ſont le Belier , le Taureau ,
les Gemeaux , l'Ecreviſſe , le Lyon , la Vierge ; le Be-
lier commence à l'interſection H *de l'Equateur* & *de l'E-*
cliptique , il occupe le tiers du quart de cercle HF *, le ſigne*
du Taureau occupe le ſecond tiers , celui des Gemeaux le
troiſiéme , il finit en F *qui eſt le point du ſolſtice d'Eté ,*
ces trois ſignes ſont ceux que le Soleil parcourt au Printems.

　　L'Ecreviſſe , le Lyon , la Vierge occupent le quart du
cercle FG *, ce ſont les ſignes que le Soleil parcourt en Eté.*

　　Les ſix ſignes méridionaux ſont la Balance , le Scorpion ,
le Sagittaire , le Bouc , le Verſeau , les Poiſſons ; ils
commencent à l'interſection G *diamétralement oppoſée à l'in-*
terſection H *, ils finiſſent en* H *; les trois premiers occu-*
pent l'arc GE *de* 90°. *ce ſont les ſignes que le Soleil par-*
court en Automne ; les trois derniers occupent l'arc EH *, le*
Soleil les parcourt en Hyver.

　　Voici les Caractéres avec leſquels on figure les
douze Signes de l'Ecliptique.

　　　♈　　　　♉　　　　　　♊　　　　　♋
Le Belier , le Taureau , les Gemeaux , l'Ecreviſſe ,

　　　♌　　　　♍　　　　　♎　　　　　　♂
le Lyon , la Vierge , la Balance , le Scorpion ,

♐ ♑ ♒

le Sagittaire, le Capricorne ou le Bouc, le Verseau,

♓

les Poiſſons.

Des Tropiques.

DE'FINITION VIII.

LEs Tropiques, ſont deux petits cercles de la Sphére paralleles à l'Equateur, & qui touchent l'Ecliptique dans ſes points ſes plus éloignés de l'E-quateur.

Il y a le Tropique du Cancer & le Tropique du Capricorne.

Du mouvement du Soleil.

DE'FINITION IX.

LÉ Soleil a deux mouvemens, l'un journalier & l'autre annuel.

1°. *Le mouvement journalier* eſt celui par lequel en vingt-quatre heures il décrit autour de l'axe du monde une circonférence de cercle.

2°. *Le mouvement annuel* eſt celui par lequel dans l'eſpace de 365. jours à peu près, il parcourt toute la circonférence de l'Ecliptique.

REMARQUE I.

Pour entendre cette derniere définition., il faut ſçavoir Fig. 2. *que le Soleil par ſon mouvement annuel va d'un Tropique à l'autre qui ſont deux cercles éloignés de l'Equateur de 23°. 30′. Par exemple ſuppoſons que BA eſt l'Equateur, & que les arcs BF, BN, ſont chacun de 23°. 30′. les deux cercles* PF , EN , *paralleles à l'Equateur feront les Tropiques. Le Soleil par fon mouvement annuel décrit* 365. *cercles paralleles à l'Equateur ; s'il décrit un jour le Tropique* EN , *il décrira le jour fuivant le cercle* en , *en s'approchant de l'Equateur de la valeur du petit arc* Ee , *c'eft pourquoi l'arc* AE *fera alors fa diftance à l'Equateur ou fa déclinaifon ; or en parcourant l'arc* en , *il coupe l'Ecliptique en* K , & *l'arc* EK *fera la partie parcourue de l'Ecliptique ; ainfi par fon mouvement annuel il coupera l'Ecliptique en* 365. *points, c'eft-à-dire, que par fon mouvement annuel il parcourt l'Ecliptique ; dans l'efpace de trois mois il parcourt l'arc* HF *de* 90. *degrés ; pendant trois autres mois il parcourt le quart* FG , *puis pendant trois mois le quart* GE , & *enfin pendant trois mois le quart* EH.

DE'FINITION X.

Fig. 1.   *La déclinaifon* d'un aftre eft fa diftance à l'équateur, ou c'eft l'arc du méridien compris entre le centre de l'aftre & l'équateur ; je fuppofe que A eft un aftre, l'arc AB du méridien compris entre le centre de l'aftre A & le point B de l'équateur fera la déclinaifon de l'aftre A.

REMARQUE.

Fig. 3.   *La déclinaifon d'un point de l'écliptique eft fa diftance à l'équateur , qui fe mefure par l'arc du méridien compris entre ce point* & *l'équateur ; ainfi l'arc* BC *du méridien* PBCM *compris entre le point* B *de l'écliptique* EF & *le point* C *de l'équateur eft la déclinaifon du point* B.

DE'FINITION XI.

Les quatre points cardinaux du monde ou de la fphére font ceux de l'Orient , de l'Occident , du Midi & du Septentrion.

Les points de l'Orient vrai & de l'Occident vrai font ceux où l'équateur coupe l'Horifon.

Les points du midi & du septentrion sont ceux où le Méridien coupe l'Horison.

DÉFINITION XII.

La hauteur du pole sur l'horison est l'arc du méridien compris entre le pole & l'horison, ou c'est l'angle que l'axe du monde fait avec l'horison.

REMARQUE I.

L'axe du monde est perpendiculaire, ou oblique ou parallele à l'horison.

1°. Les peuples qui sont aux poles du monde ont l'axe du monde perpendiculaire sur leur horison.

2°. Ceux qui sont entre les poles & l'équateur ont l'axe du monde incliné sur leur horison, plus ils s'approchent du pole, plus le pole s'éleve.

3°. Les Peuples qui sont sous l'Equateur ne voyent les poles du monde que dans leur horison ; par conséquent l'axe du monde est parallele à leur horison.

REMARQUE II.

1°. Les Habitans de l'Equateur ont la Sphére droite, parce que les astres décrivent des arcs perpendiculaires à leur horison.

2°. Les Habitans des poles ont la Sphére parallele, parce que les astres décrivent des circonférences paralleles à leur horison.

3°. Enfin les Habitans entre l'équateur & les poles ont la Sphére oblique, parce que les astres montent obliquement sur leur horison.

DE'FINITION XIII.

La hauteur de l'équateur sur l'horison d'un lieu est l'arc du méridien compris entre l'équateur & l'horison, ou bien c'est l'angle que l'équateur fait avec l'horison.

Fig. 1.   Je suppose que KL est l'horison , BF l'équateur , l'arc BL du méridien compris entre l'horison KL & l'équateur BF sera la hauteur de l'équateur.

DE´FINITION XIV.

La latitude d'un lieu de la terre est sa distance à l'équateur terrestre , ou c'est l'arc du méridien terrestre compris entre le lieu donné & l'équateur terrestre.

Du premier Vertical.

DÉFINITION XV.

TOut plan d'aplomb, c'est-à-dire, perpendiculaire à l'horison est appellé en général , *Plan Vertical.*

REMARQUE.

1°. *Si un Plan Vertical passe par les points cardinaux de l'Orient & de l'Occident , c'est-à-dire , s'il regarde directement le midi & le septentrion , on l'appelle* Premier Vertical ; *La surface de ce Plan , qui regarde directement le midi , est appellée* Plan Méridional ; *son autre surface opposé , qui regarde directement le Septentrion est appellée* Plan Septentrional.

2°. *Si un Plan vertical regarde directement l'Orient d'un côté , & l'Occident de l'autre , la surface tournée directement à l'Orient s'appelle* Surface ou plan Oriental ; *la surface qui regarde directement l'Occident s'appelle* Surface Occidentale.

DÉFINITION XVI.

Fig. 4.   *La déclinaison* d'un plan est l'arc de l'horison comprise entre ce plan & celui du premier vertical.

Supposons que la droite AB est la commune section de l'horifon & du premier vertical , & que la droite EF foit la commune fection de l'horifon & d'un plan vertical déclinant , l'angle BCF ou l'arc BF de l'horifon compris entre le premier vertical AB & le plan déclinant EF fera la déclinaifon du plan EF.

REMARQUE.

Tout plan vertical déclinant décline ou de l'Orient à l'Occident , ou de l'Occident à l'Orient.

1°. Un plan qui regarde obliquement le midi fera déclinant de l'orient à l'occident , s'il ne voit pas le point de l'orient vrai & qu'il voye celui de l'occident. Au contraire fi le plan qui regarde obliquement le midi , voit le point de l'orient vrai fans voir celui de l'occident , ce fera un plan méridional déclinant de l'occident à l'orient.

2°. Pareillement un plan vertical qui regarde indirectement le feptentrion fera déclinant de l'orient à l'occident , s'il ne voit pas l'orient vrai , & qu'il voye l'occident vrai ; mais s'il voit l'orient vrai il déclinera de l'occident à l'orient.

DÉFINITION XVII.

La ligne méridienne eft la commune fection du cercle méridien & d'un plan donné.

REMARQUE.

On peut tracer des lignes méridiennes fur toutes fortes de plan ; fi on trace une méridienne fur un plan horifontal , ce fera une méridienne horifontale ; il y en a une à l'Obfervatoire de Paris tracée fur le pavé d'une chambre , elle repréfente la commune fection du pavé & du cercle de midi.

Si on trace une méridienne fur un plan vertical , ce fera une méridienne verticale ; on en a tracée une il n'y a pas long-tems fur un mur au bout du Quay des Morfondus , vis-à-vis l'Horloge du Palais.

LIVRE II.

Dans lequel on explique les Principes néceſſaires
pour la deſcription des Cadrans.

PPOBLEME I.

Fig. 3. SÇachant le lieu du Soleil dans l'Ecliptique, trouver ſa déclinaiſon, c'eſt-à-dire, ſa diſtance à l'équateur.

SOLUTION.

Je ſuppoſe que GH eſt l'équateur, EF, l'écliptique, & que le parallele du Soleil coupe la circonférence de l'écliptique au point B, le point B eſt donc le lieu connu du Soleil dans l'écliptique, l'on connoit donc l'arc AB de l'écliptique, c'eſt-à-dire, que l'on ſçait combien il y a de degrés compris entre l'interſection A de l'équateur & le point B; pour trouver la déclinaiſon du point B.

1°. Par le pole P & par le point B, je fais paſſer un méridien PBCM, l'arc BC compris entre le Soleil B, & le point C de l'équateur ſera par la définition 10. & ſa remarque la déclinaiſon du Soleil; il s'agit donc de déterminer combien il y a de degrés dans l'arc BC; pour cela il faut ſe ſervir de triangle ſphérique BAC, & être prévenu que dans tout triangle ſpherique

Le ſinus d'un angle
eſt au ſinus de l'arc oppoſé;
comme le ſinus d'un autre angle
eſt au ſinus de l'arc oppoſé.

Par conféquent dans le triangle fphérique BAC ;

Le finus de l'angle BCA,
eft au finus de l'arc oppofé AB ;
comme le finus de l'angle BAC,
eft au finus de l'arc BC oppofé.

Mais confidérez que les trois premiers termes de cette analogie font connus ; car 1°. l'angle BCA eft droit, puifque par la feconde conféquence de la définition VI. le méridien PC eft perpendiculaire fur l'équateur GH ; donc le finus de l'angle BCA eft connu ; 2°. l'arc AB de l'écliptique eft donné, fon finus eft donc connu ; 3°. l'angle BAC compris entre l'écliptique & l'équateur eft de 23°.——30′. donc le finus de l'angle BAC eft connu. On connoîtra donc le finus de l'arc BC qui eft le quatriéme terme de l'analogie, par conféquent on connoîtra l'arc BC, ce qui étoit propofé.

Remarque I.

Il y a des Almanachs qui montrent les fignes que le Soleil parcourt chaque mois ; je fuppofe que l'on fçait par l'Almanach que le point B eft le premier degré du figne des Gemeaux ; pour trouver l'arc BC, il faut déterminer l'arc AB de l'écliptique compris entre l'interfection A de l'é- quateur & le point B, ce qui eft facile ; car le point A eft le commencement du ♈ Belier, l'arc AB contient donc les fignes du Belier & du Taureau, donc il eft de 60. degrés ; pour avoir l'arc BC, on dira

Comme le finus de l'angle droit BCA ══ 100000
eft au finus de l'arc BA de 60°. ══ 86602
ainfi le finus de BAC de 23°. —— 30′. ══ 39874
eft au finus cherché de l'arc BC.

Divifez le produit des moyens par le premier terme, vous trouverez 34532 pour le finus de l'arc BC ; cherchez ce finus dans les tables, il vous montrera que l'arc BC eft d'environ 20. degrés 12. minutes.

PROBLEME II.

Déterminer la hauteur de l'équateur fur l'horifon, c'eft-à-dire, l'angle que l'équateur fait avec l'horifon.

Fig. 5.

SOLUTION.

Je fuppofe que AB eft le diamétre de l'horifon, DF celui de l'équateur, PR l'axe du monde, P le pole feptentrional, AZB le méridien, il s'agit de déterminer l'angle DCB ou l'arc DB compris entre l'équateur & l'horifon ; je vous fuppofe dans la partie feptentrionale du monde ; cela étant.

1°. Prenez avec un quart de cercle la hauteur du Soleil à midi.

2°. Si le Soleil eft dans la partie Septentrionale du monde, c'eft-à-dire, fi vous étes au Printems ou en Eté ; de la hauteur méridienne du Soleil retranchez fa déclinaifon, le refte montrera la hauteur de l'équateur ; par exemple, fi le Soleil eft au point L du côté du pole P feptentrional, l'arc BDL fera fa hauteur méridienne, l'arc BD fera la hauteur de l'équateur fur l'horifon ou la mefure de l'angle DCB qu'il fait avec l'horifon ; l'arc DL fera la déclinaifon du Soleil ; or fi de l'arc BDL qui eft la hauteur méridienne du Soleil on retranche fa déclinaifon DL, le refte DB fera la hauteur de l'équateur DC fur l'horifon AB.

2°. Si le Soleil eft dans la partie méridionale du monde, c'eft-à-dire, fi c'eft en Automne ou en Hyver que vous avez pris fa hauteur méridienne, pour avoir la hauteur de l'équateur, à la hauteur méridienne ajoutez la déclinaifon du Soleil, la fomme des deux donnera la hauteur de l'équateur ; ainfi fuppofons que le Soleil eft en S dans le méridien du

côté

côté du pole R méridional, l'arc BS sera la hauteur méridienne du Soleil, l'arc SD sa déclinaison ; par conséquent l'arc BS, plus l'arc SD, c'est-à-dire, la somme de la hauteur méridienne & de la déclinaison du Soleil est égale à la hauteur de l'équateur, lorsque le Soleil est dans la partie méridionale du monde.

REMARQUE.

Lorsque le Soleil décrit l'équateur, sa hauteur méridienne est égale à la hauteur de l'équateur, parce que le Soleil n'a aucune déclinaison quand il décrit l'équateur ; par conséquent si vous prenez la hauteur méridienne du Soleil le premier jour du Printems ou d'Automne, vous aurez la hauteur de l'équateur.

PROBLEME III.

Déterminer la hauteur du pole sur l'horison, c'est-à-dire, Fig. 5. *l'angle que l'axe du monde fait avec l'horison.*

SOLUTION.

De 180. degrés retranchez la hauteur de l'équateur, plus 90. degrés, le reste donnera la hauteur du pole.

DÉMONSTRATION.

Soient AB le diamétre de l'horison, DF celui de l'équateur, PR l'axe du monde, il est évident que si de l'arc BDPA de 180°. on retranche la hauteur BD de l'équateur, plus l'arc DP de 90°. le reste PA sera la hauteur du pole P sur l'horison AB.

AVERTISSEMENT.

On trouvera dans la Table suivante la hauteur du pole pour les plus considérables Villes du monde.

B

Noms des Villes.	Hauteurs du Pole.
ABBEVILLE.	50° — 5′.
ALBY.	43° — 44.
ALENÇON.	48° — 29.
AIX.	43° — 31.
AMIENS.	49° — 54.
AMSTERDAM.	52° — 21.
ANGERS.	47° — 27.
ANVERS.	51° — 10.
ARLES.	43° — 34.
ARRAS.	50° — 18.
AVIGNON.	43° — 51′.
BAYONNE.	43° — 30.
BLOIS.	47° — 35.
BORDEAUX.	44° — 50.
BOURGES.	47° — 5.
BOULONGNE, *Italie*.	44° — 30.
BREST.	48° — 23.
BRUXELLES.	50° — 48.
CAEN.	49° — 11.
CALAIS.	50° — 57.
CAMBRAY.	50° — 11.
CHARTRES.	48° — 30.
CONSTANTINOPLE.	41° — 6.
COPENHAGUE.	55° — 41.
CRACOVIE.	50° — 10.
DANTZICK.	54° — 22.
DIEPPE.	49° — 57.
DIJON.	47° — 20.
DOLE.	47° — 20.
DOUAY.	50° — 15.

Noms des Villes.	Hauteurs du Pole.
DUNKERQUE.	51° — $1'$.
FERRARE.	44° — $54'$.
LA FLECHE.	47° — $42'$.
FLORENCE.	43° — $41'$.
GAND.	51° — $1'$.
GENEVE.	46° — $22'$.
GRENOBLE.	45° — $16'$.
GENNES.	44° — $27'$.
HAMBOURG.	53° — $41'$.
HAVRE-DE-GRACE.	49° — $30'$.
LA ROCHELLE.	46° — $10'$.
LEIDEN.	52° — $12'$.
LISBONNE.	38° — $40'$.
LONDRES.	51° — $32'$.
LYON.	45° — $45'$.
MADRID.	40° — $10'$.
MALTE.	35° — $40'$.
S. MALO.	48° — $38'$.
MARSEILLE.	43° — $20'$.
METZ.	49° — $14'$.
MILAN.	46° — $20'$.
MONTPELLIER.	43° — $37'$.
MUNICH.	48° — $58'$.
NANCY.	48° — $39'$.
NANTES.	47° — $13'$.
NAPLES.	41° — $5'$.
ORLEANS.	47° — $54'$.
PARIS.	48° — $51'$.
PEKIN.	40° — $0'$.
PERPIGNAN.	45° — $52'$.

Noms des Villes.	Hauteurs du Pole.
P O I T I E R S.	. . . . . 46°—34′.
P R A G U E S.	. . . . . 50°—4′.
Q U E B E C.	. . . . . 47°—0′.
R E N N E S.	. . . . . 48°—3′.
R H E I M S.	. . . . 49°—12′.
R O M E.	. . . . 41°—51′.
R O U E N.	. . . . 49°—27′.
S I A M E.	. . . . 14°—22′.
S T R A S B O U R G.	. . . . 48°—31′.
S T O C K O L M.	. . . . 59°—30′.
T H O L O S E.	. . . . 43°—30′.
T O U R S.	. . . . 47°—23′.
T U R I N.	. . . . 44°—9′.
T O U L O N.	. . . . 43°—6′.
V I E N N E.	. . . . 48°—22′.

P R O B L E M E IV.

Fig. 5.

Déterminer la distance du pole au Zenith.

S O L U T I O N.

De 90. degrés retranchez la hauteur du pole, le
reste fera la distance du pole au zenith.

D É M O N S T R A T I O N.

Soit AB l'horison, & le zenith en Z, il est évident que l'arc ZPA est de 90°. Or si de l'arc ZPA
on retranche l'arc PA de la hauteur du pole, le reste
PZ sera la distance du pole P au zenith Z. *Donc pour*

connoître la distance du pole au zenith , de 90°. il faut retrancher la hauteur du pole sur l'horison ; le reste sera la distance cherchée. *C. Q. F. D.*

PROBLEME V.

Tracer une méridienne sur un plan horisontal , c'est-à-dire , une ligne qui soit la commune section de l'horison & du méridien. Fig. 6.

SOLUTION.

1°. Sur le plan horisontal proposé, décrivez plusieurs cercles concentriques , par exemple , BMA , *bma*.

2°. Au centre C élevez une verge CD perpendiculaire sur ce plan.

3°. Lorsque le Soleil éclairera le plan , prenez dans un même jour deux points d'ombre de la pointe du stile CD également éloignés chacun du centre C , un avant midi & l'autre après ; par exemple vous prendrez les points d'ombre A & B sur la même circonférence BMA.

4°. Enfin divisez l'arc BA en deux également en M , puis du centre C au point M , menez la droite CM qui sera la méridienne cherchée.

DE'MONSTRATION.

Puisque l'ombre CA est de même longueur que l'ombre CB du même stile CD , le Soleil s'est trouvé à la même hauteur sur l'horison avant & après midi , lorsque l'ombre de la pointe du stile CD s'est terminée en A & B. Par conséquent l'ombre méridienne du même stile CD , doit tomber sur un point également éloigné des points A & B ; donc elle doit tomber sur le point M. Par conséquent la droite CM est la méridienne cherchée.

Je donnerai ailleurs la méthode de tracer des méridiennes sur des plans verticaux & sur des plans inclinés à l'horison.   B iij

PROBLEME VI.

Fig. 7.   *Connoiſſant la hauteur du pole ſur l'horiſon, poſer ſur une méridienne horiſontale un ſtile parallelement à l'axe du monde.*

SOLUTION.

1°. Je ſuppoſe une méridienne horiſontale MN, & que le pole eſt élevé de 48° — 51'. ſur l'horiſon.

2°. Je fais le triangle ACB rectangle en C, je fais l'angle ABC de 48° — 51'. puis je cole le côté CB ſur la méridienne MN, en ſorte que le point B ſoit du côté du midi & le point C vers le nord; enfin avec un aplomb FG, je diſpoſe le triangle ACB d'équerre avec le plan horiſontal; cela étant, le côté BA ſera parallele à l'axe du monde.

REMARQUE.

Notez que l'angle BAC eſt le complement de l'angle ABC, c'eſt-à-dire, que l'angle BAC eſt la différence d'un angle droit ou de 90°. & de l'angle ABC; par exemple ſi l'angle ABC eſt de 48° — 51'. l'angle BAC ſera de 41° — 9'.

Premiere Conſéquence.

D'où il réſulte que l'angle BAC que l'axe AB du monde fait avec la verticale AC eſt toujours égal au complement de la hauteur du pole ſur l'horiſon.

LIVRE III.

De la description des Cadrans.

DE'FINITION XVIII.

UN *Cadran* est une figure tracée sur une surface pour montrer les heures du jour.

REMARQUE.

Il y a neuf choses principales à considérer dans un Cadran, qui sont, 1°. l'axe du Cadran, 2°. le Stile droit, 3°. le pied du Stile, 4°. les lignes horaires, 5°. le centre du Cadran, 6°. la méridienne, 7°. la soustilaire, 8°. la ligne équinoxiale, 9°. le rayon de l'équateur.

DE'FINITION XIX.

L'axe d'un Cadran est une verge de fer ou de quelque autre matiere fichée sur le plan du Cadran parallelement à l'axe du monde.

DE'FINITION XX.

1°. *Le Stile droit* d'un Cadran est la perpendiculaire abbaissée de l'extrémité de l'axe sur le plan du Cadran.

2°. *Le pied du Stile* est le point où le stile rencontre le plan du Cadran.

DE'FINITION XXI.

Les lignes horaires sont des lignes sur lesquelles l'ombre de l'axe tombe aux heures marquées.

B iiij

REMARQUE.

Le Soleil en vingt-quatre heures de tems décrit la circonférence de l'équateur, ou d'un cercle parallele à l'équateur, par conséquent dans une heure il parcourt 15. degrés; si on imagine 24. méridiens ou 24. cercles passans par les poles du monde, & coupans la circonférence de l'équateur en 24. parties égales de chacune 15°. le Soleil tournant autour de l'axe du monde, & faisant sa révolution en 24. heures, il passe successivement dans les plans de ces cercles, c'est pourquoi on les appelle cercles horaires, & les lignes horaires d'un Cadran sont les communes sections du Cadran & des cercles horaires. Voilà tout ce que l'on se propose dans un Cadran, tracer sur la surface du Cadran les communes sections du Cadran & des cercles horaires, cela fait il n'y aura qu'à poser l'axe parallelement à l'axe du monde son ombre tombera successivement sur les lignes horaires, & montrera la commune section du Cadran & du cercle dans le plan duquel le Soleil se trouve.

DÉFINITION XXII.

Le centre d'un Cadran est le point de sa surface ou l'axe la touche.

DÉFINITION XXIII.

La *méridienne* d'un Cadran est la commune section du Cadran & du cercle de midi; cette ligne s'appelle quelquefois *méridienne du lieu*.

DÉFINITION XXIV.

La *Soustilaire* d'un Cadran est la commune section du Cadran & d'un méridien perpendiculaire au plan du Cadran passant par l'axe, & par le pied du stile, & par le centre du Cadran; cette ligne est quelquefois nommée *méridienne propre du Cadran*.

REMARQUE.

La Souftilaire fert à placer l'axe , c'eft elle qui déter-
mine l'angle que l'axe fait avec le Cadran.

DÉFINITION XXV.

La ligne équinoxiale d'un Cadran eft la commune
fection du Cadran & du plan de l'équateur.

DÉFINITION XXVI.

Le rayon de l'equinoxiale eft une ligne droite menée
de la pointe de l'axe au point d'interfection de l'équinoxiale & de la fouftilaire.

REMARQUE.

Notez que l'on peut confidérer la pointe de l'axe d'un
Cadran comme le centre de la terre ou comme le centre de
l'équateur , car à caufe de la diftance immenfe du centre
de la terre au Soleil , le rayon de la terre eft comme un
infiniment petit par rapport à cette diftance énorme ; par con-
féquent on peut confidérer la pointe de l'axe d'un Cadran
comme confondue avec le centre de la terre.

Premiere Conféquence.

On peut donc auffi confidérer l'axe d'un Cadran
comme une portion de l'axe du monde. Car (def.
19.) l'axe de tout Cadran doit être parallele à l'axe
du monde ; mais par la remarque précédente la pointe de l'axe de tout Cadran peut être confidérée comme le centre de la terre. Donc l'axe de tout Cadran
peut être confidérée comme une portion de l'axe du
monde.

DÉFINITION XXVII.

On divife les Cadrans en fimples & compofés.

1°. *Les Cadrans fimples* font ceux qui regardent directement un des quatre points cardinaux de l'horifon, & ceux dans lefquels la fouftilaire fe confond avec la méridienne.

2°. *Les Cadrans compofés* font ceux dans lefquels la méridienne eft différente de la fouftilaire.

CHAPITRE PREMIER.

Des Cadrans fimples.

IL y a fept efpéces de Cadrans que j'appelle fimples, fçavoir le Cadran équinoxial ; le Cadran horifontal, le Cadran méridional, le Cadran feptentrional, l'oriental, l'occidental & le polaire.

REMARQUE.

Il y a quatre de ces Cadrans qui regardent directement un des quatre points cardinaux de l'horifon, qui font le méridional, le feptentrional, l'oriental & l'occidental.

Le Cadran méridional regarde directement le midi.

Le Cadran feptentrional regarde directement le feptentrion.

Le Cadran oriental regarde directement l'orient vrai.

Le Cadran occidental regarde directement l'occident vrai.

ARTICLE I.

Du Cadran Equinoxial.

DÉFINITION XXVIII.

LE *Cadran équinoxial* est celui que l'on trace sur une surface parallele au plan de l'équateur.

REMARQUE.

Le Cadran équinoxial est supérieur ou inférieur.

Le supérieur regarde le Ciel, il est tourné directement vers le pole élevé sur l'horison, l'inférieur regarde la terre, il est directement tourné au pole caché sous l'horison.

PROBLEME · VII.

Décrire un Cadran équinoxial supérieur.

Fig. 8.

SOLUTION.

1°. Sur le plan proposé décrivez un cercle C, divisez-le en quatre parties égales par deux diametres AB, EB, d'équerre entre eux.

2°. Divisez la demie circonférence EDB en douze parties égales Em, mn, no, ox, xf, &c. puis du centre C menez par les points de divisions E, m, n, o, x, f, &c. les rayons CVI, CV, CIV, CIII, CII, CI, CXII, CXI, CX, CIX, CVIII, CVII, CVI, qui seront lignes horaires du Cadran.

3°. Au centre C fichez un stile CS perpendiculaire au Cadran, ce stile sera l'axe du Cadran.

4°. Il faut présentement donner une situation convenable au Cadran, c'est-à-dire, qu'il faut le po-

ser parallelement à l'équateur , pour cela vous tracerez (prob. 5.) une méridienne sur un plan horifontal ; vous ferez en sorte que la ligne CXII faffe
avec la méridienne horifontale un angle égal à la bau-
teur de l'équateur fur l'horifon , & que l'axe CS foit
parallele à l'axe du monde , & que le Cadran regarde le Ciel. Toutes ces chofes bien éxécutées vous
aurez un Cadran équinoxial fupérieur.

DÉMONSTRATION.

1°. Par conftruction le cercle C eft parallele au
plan de l'équateur ; donc l'axe CS perpendiculaire au
centre C eft parallele à l'axe du monde ; on peut
donc (Rem. déf. 26.) confidérer le cercle C comme concentrique à l'équateur , & l'axe CS comme
l'axe même du monde.

2°. Le Soleil en 24. heures parcourt la circonférence
de l'équateur ou d'un cercle parallele à l'équateur,
par conféquent il parcourt 15. degrés dans une heure. Or les arcs Em , *mn* , *no* , *ox* , *xf* , &c. font
chacun de 15. degrés par conftruction.

Donc les rayons CVI , CV , CIV , CIII , CII ,
CI , CXII , CXI , CX , &c. font les (Rem. def. 21.)
communes fections de l'équateur & des cercles horaires. Donc ils font lignes horaires ; *C. Q. F. D.*

REMARQUE I.

Remarquez que pour avoir les lignes des heures qui précé-
dent la fixiéme du matin , & qui font après la fixiéme du
foir , telles que font celles de quatre & cinq heures du ma-
tin , & de fept & huit heures du foir , il n'y a qu'à prolon-
ger les lignes IVC , VC , de quatre & cinq heures du
foir en 4. & 5. les lignes C4 , C5 , feront celles
de 4. & 5. heures du matin. Pareillement fi on prolonge
les lignes VIIC , VIIIC , de 7. & 8. heures du matin en,

& 8. les lignes C7, C8, *seront celles de* 7. *&* 8. *heures du soir. Voici la raison de cette opération.*

Depuis 4. du matin jusqu'à 4. heures du soir, il y a 12 heures, par conséquent depuis 4. heures du matin jusqu'à 8. heures du soir, le Soleil décrit une demie circonférence ; donc à 4. heures du soir le Soleil se trouve dans un point de sa révolution diamétralement opposée à celui où il étoit à 4. heures du matin. Par conséquent si l'ombre de l'axe CS tombe sur la ligne CIV à quatre heures après midi, elle tombera sur la ligne C4 à quatre heures du matin. Il en est de même des autres.

REMARQUE II.

Remarquez aussi que le Cadran équinoxial supérieur ne peut servir qu'au Printems & en Eté dans la partie septentrionale du monde ; parce que le rayon du Soleil n'éclaire directement le Cadran équinoxial supérieur que pendant ces deux Saisons.

REMARQUE III.

Enfin remarquez que le Cadran équinoxial inférieur se trace de la même maniere que le supérieur ; mais on n'y doit marquer que les lignes des heures qui sont entre la sixiéme du matin & la sixiéme du soir ; parce que le Soleil n'éclaire directement les plans paralleles à l'équateur, & du côté du midi qu'en Automne & en Hyver, donc puisque dans ces deux Saisons il se leve après six heures, & se couche avant six heures, le Cadran équinoxial inférieur ne peut montrer que les heures depuis six heures du matin jusqu'à six heures du soir; de plus il ne peut servir qu'en Automne & en Hyver.

ARTICLE II.

Du Cadran Horifontal.

DÉFINITION XXIX.

L E *Cadran Horifontal* eft celui que l'on décrit fur un plan horifontal.

PROBLEME VIII.

Fig. 9.   *La hauteur du pole fur l'horifon étant connue, tracer un Cadran horifontal.*

SOLUTION.

1°. Sur le plan horifontal propofé, tracez (prob. 5.) une méridienne AF, & par un point E pris à difcrétion fur cette méridienne, menez une ligne droite GEH d'équerre avec AF ; cela étant, puifque l'Equateur eft d'équerre avec le méridien, & que la ligne AF eft la commune fection de l'horifon & du méridien, la ligne GEH fera la commune fection de l'horifon & de l'équateur.

2°. Par le point A pris fur la méridienne AF du côté du midi, par rapport au point E, menez une ligne droite AD faifant avec AE l'angle DAE égal à la hauteur du pole fur l'horifon ; par exemple, fi vous êtes à Paris, vous ferez l'angle DAE de 48°.—51'. parce que le pole feptentrional eft élevé fur l'horifon de Paris de 48°—51'.

3°. Du point E tirez la ligne droite ED d'équerre avec la droite AD, puis portez avec un compas l'intervalle ED fur la méridienne AF de E en B, & du point B pour centre avec le rayon BE, décrivez les quarts de cercles EF, EO, que vous diviferez chacun en fix arcs égaux dans les points, 1, 2, 3, 4, 5, ces arcs feront par conféquent chacun de 15. degrés ; Du centre B par les points, 1, 2, 3, 4, 5, de divifions menez les rayons B1, B2, B3, B4, B5, & prolongez-les jufqu'à la ligne GH ; du point A par les points, *a*, *b*, *c*, *d*, H, *i*, *g*, *n*, *m*, G, menez-les droites AVII, AVIII, AIX, AX, AXI, AXII, AI, AII, AIII, AIV, &c. qui feront les lignes horaires du Cadran horifontal depuis fept heures du matin jufqu'à cinq heures du foir, la ligne AXII fera celle de midi.

4°. Pour avoir la ligne de fix heures, par le centre A, menez la ligne 6A6 d'équerre avec la méridienne AF, ce fera la ligne de fix heures.

5°. Pour avoir les lignes de 4. & 5. heures du matin, prolongez-en 4. & 5. les lignes IVA, VA, de 4. & 5. heures du foir, les lignes A4, A5, feront celles de 4. & 5. heures du matin. Pareillement fi vous prolongez en 7. & 8. les lignes VIIA, VIIIA, de 7. & 8. heures du matin, les lignes A7, A8, feront celles de 7. & 8. heures du foir.

6°. Enfin pour axe du Cadran fichez en A une verge de fer faifant avec la méridienne AXII un angle égal à l'angle DAE de la hauteur du pole, il faut que cette verge foit dans le plan du méridien ; donc faifant tourner le triangle ADE autour du côté AE, en forte que le plan de ce triangle foit d'équerre avec le plan du Cadran, fon côté AD fera l'axe du Cadran. Toutes ces chofes bien exécutées, le probleme fera réfolu & l'on aura un Cadran horifontal.

DÉMONSTRATION.

Si le triangle ADE étoit pofé d'équerre avec le plan du Cadran, l'angle DAE étant par conftruction égal à l'inclinaifon de l'axe du monde fur l'horifon, la ligne AD pourra être confidérée comme une partie de

l'axe du monde ;   donc la ligne DE d'équerre
avec la ligne AD , fera parallele au rayon de l'équateur , parconféquent fi on confidére la pointe D de
l'axe AD comme le centre de la terre ou comme
le centre de l'équateur , la ligne DE fera le rayon
d'un cercle concentrique à l'équateur ; or le rayon
BE du demi cercle OEF eft égal à DE ; donc faifant tourner le demi cercle OEF autour du point E,
le centre B étant appliqué au point D , le rayon BE
collé fur ED , le demi cercle OEF fera concentrique
à l'équateur. Donc les lignes BE , B*a* , B*b* , B*c* ,
B*d* , BH , &c. qui comprennent entre elles les angles EB*a* , *a*B*b* , *b*B*c* , &c. de chacun 15°. font les
communes fections des cercles horaires , & de l'é-
quateur OEF ; donc les points G , *m* , *n* , ᷓ , *i* , E ,
a , *b* , *c* , *d* , H , font les rencontres des cercles
horaires & de la ligne GH commune fection du Cadran & de l'équateur. Or les cercles horaires paffent
auffi par le point A , puifque la ligne AD , qui eft
une partie de l'axe du monde , eft dans les plans de
tous les cercles horaires ; donc tous les cercles horaires paffent par le point A. Par conféquent les lignes
AV, A*m*IV, A*n*III, A*g*II, A*i*I, AXII , A*a*XI , &c.
font (Rem.def.21.) les communes fections du Cadran
horifontal & des cercles horaires. Donc elles font
lignes horaires du Cadran horifontal ; par conféquent
le Cadran décrit par les Regles précédentes eft parfait. *C. Q. F. D.*

R E M A R Q U E I.

Fig. 10.   *Pour rendre cette démonftration plus intelligible , foient
l'horifon* PQ , *un Cadran équinoxial* GOCI, *dont la
ligne* NAE *eft l'axe, que les lignes* AF, AH, AY, AXII,
AI, AK, AL , &c. *foient lignes horaires du Cadran
équinoxial , ou les communes fections des cercles horaires &
du Cadran équinoxial ; puifque l'axe* NE *eft dans le plan*
de

*de chaque cercle horaire , tous les cercles horaires , s'entre-coupe*ront au point E *de l'horison* PQ. *Donc les triangles* AEXII , AEY , AEH , *&c. font les plans des cer-cles horaires. Donc les lignes* EXII , EY , EH , *&c. font les communes sections des cercles horaires & du plan horisontal* PQ ; *donc elles font lignes horaires d'un Cadran horisontal , qui aura la ligne* EA *pour axe ,* EXII *pour méridienne. Donc le Cadran équinoxial* GOCI *donne les mêmes régles précédentes pour décrire un Cadran horisontal sur le plan* PQ.

Remarque II.

Le point A *du Cadran horisontal dans lequel toutes les* Fig. 9.
lignes horaires s'entrecoupent , est le centre du Cadran.

Premiere Conséquence.

Puisque tous les cercles horaires s'entrecoupent Fig. 9.
au pole de la terre , le centre A du Cadran horisontal dans lequel toutes les lignes horaires s'entrecoupent , pourra être considéré comme le pole de
la terre , le point D comme son centre.

Seconde Conséquence.

Le cercle de six heures est d'équerre avec le cercle
de midi , puisque depuis six heures du matin jusqu'à
midi le Soleil parcourt un arc de 90. degrés. Donc le
cercle de midi & celui de six heures s'entrecoupent à
angles droits au pole du monde. Donc pour avoir la
ligne de six heures , par le centre A du Cadran , il
faut mener une ligne 6A6 d'équerre avec la méridienne , AXII elle sera la ligne de six heures , c'est-
à-dire, qu'à six heures du matin l'ombre de l'axe tombera sur la partie occidentale de cette ligne , & à six
heures du soir sur sa partie orientale.

C

Troisiéme Conséquence.

La méridienne AXII du Cadran horifontal eſt auſſi fouſtilaire dans ce Cadran. Car le plan du triangle ADE étant d'équerre avec le plan du Cadran, la ligne AD ſera l'axe : donc ſi de la pointe D de l'axe on abbaiſſe une perpendiculaire DC ſur le plan du Cadran, cette perpendiculaire DC, qui eſt (déf. 20.) le ſtile droit du Cadran, ſera dans le plan du méridien, le point C, pied du ſtile droit ſera ſur la méridienne AXII. mais (déf. 24.) la fouſtilaire d'un Cadran eſt la commune ſection du Cadran, & d'un plan perpendiculaire au plan du Cadran, & paſſant par le centre & par le pied du ſtile. Or la méridienne AXII. du Cadran horifontal eſt la commune ſection du Cadran & d'un plan perpendiculaire paſſant par le centre A, & par le pied C du ſtile droit. Donc la méridienne AXII eſt auſſi fouſtilaire dans le Cadran horifontal.

Avertissement.

La méthode que je viens de donner pour décrire le Cadran horifontal eſt géométrique, il ne faut qu'une regle & un compas pour l'exécuter, il faut auſſi un quart de cercle diviſé en degrés & minutes pour donner à l'angle DAE de la hauteur du pole les degrés & minutes qui lui conviennent.

Application de la Trigonometrie au Cadran Horisontal.

PROBLEME IX.

Connoissant ou étant donné le rayon BE *du demi cer-* Fig. 9. *cle équateur* OEF , *ou le côté* ED *du triangle rec-tangle* ADE , *trouver la valeur de l'hypothenuse* AE.

SOLUTION.

Considérez que les trois angles du triangle ADE font connus ; car outre que l'angle D est droit, l'angle DAE est égal à la hauteur du pole ; par conséquent l'angle DEA est aussi connu. On pourra donc trouver le côté AE par l'analogie suivante :

Le sinus de l'angle DAE *connu ,*
est au côté opposé & connu DE ;
comme le sinus de l'angle droit ADE ,
est à l'hypothenuse AE.

Les troispremiers termes de cette analogie étant connus, le quatriéme terme inconnu fera égal au quotient du produit des moyens divisé par le premier terme.

Premiere conséquence.

L'hypothenuse AE étant trouvé , en connoîtra la distance du centre A du Cadran à l'équinoxiale GH.

Seconde Conséquence.

Si on fait une échelle géométrique avec la ligne BE , c'est-à-dire , si on la divise , par exemple en 1000. particules égales , l'analogie précédente fera connoître combien il y a de ces particules dans l'hypothénuse AE.   C ij

PROBLEME X.

Fig. 9. *Connoiſſant* ED *, déterminer la longueur du ſtile droit* DC.

SOLUTION.

Conſidérez que dans le triangle DCE on connoit les trois angles ; car 1°. l'angle DCE eſt droit ; l'angle DEA eſt le complement de l'angle DAE connu ; on pourra donc connoître le ſtile droit DC par cette analogie ;

Le ſinus de l'angle droit DCE *,*
eſt au côté oppoſé DE *de* 1000. *particules égales ;*
comme le ſinus de l'angle DEC *connu ,*
eſt au côté oppoſé DC.

Diviſez le produit des moyens par le premier terme , le quotient montrera la valeur du ſtile droit DC.

REMARQUE.

Si vous voulez connoître le côté EC *qui eſt la diſtance du pied du ſtile au point* E *de l'équinoxiale* GH *, vous direz.*

Comme le ſinus de l'angle droit DCE *,*
eſt au côté oppoſé & connu DE *de* 1000. *particules*
    égales ;
ainſi le ſinus de l'angle connu CDE *,*
eſt au côté cherché EC.

Les trois premiers termes de cette analogie étant connus ; vous connoîtrez le dernier EC.

PROBLEME XI.

Fig. 9. *Connoiſſant* ED *, ou* EB *, déterminer ſur l'équinoxiale* GH *, les lignes* E*a , * E*b , * E*c &c. qui ſont les diſtances des lignes horaires depuis la méridienne* AXII.

SOLUTION.

1°. Pour déterminer E*a* , il faut se servir du triangle BE*a* , dans lequel outre le côté connu BE , on connoît encore deux angles ; car l'angle BE*a* est droit , l'angle EB*e* est de 15. degrés , puisque l'arc E1 est la sixiéme partie du quart de cercle EF ; on trouvera donc E*a* par cette proportion ;

*Le sinus de l'angle B*a*E connu ,*
est au côté opposé & connu BE ;
*comme le sinus de l'angle EB*a* connu ,*
*est au côté opposé & cherché E*a*.*

Multipliez entre eux les deux moyens termes de cette analogie , vous aurez un produit , lequel divisé par le premier terme , le quotient sera la valeur du côté E*a*.

2°. Pour trouver E*b* , vous vous servirez du triangle EB*b* , dans lequel outre le côté connu BE , l'angle BE*b* est droit , & l'angle EB*b* est de 30. degrés , puisqu'il a pour mesure l'arc E2 de 30. degrés ; par une analogie semblable à la précédente vous connoîtrez E*b*.

3°. Vous trouverez de la même maniere les distances E*c* , E*d* , &c.

PROBLEME XII.

*Déterminer les angles horaires EA*a* , EA*b* , EA*c* ,* Fig. 9.
*EA*d* , &c , compris entre la méridienne AXII , & les*
lignes horaires AXI , AX , AIX , &c.

SOLUTION.

1°. Déterminez (prob. 11.) les distances horaires E*a* , E*b* , E*c* , &c.

2°. Déterminez (prob. 9.) la ligne AE ; puis pre-

nez AE pour le sinus total dans les triangles EA*a*
EA*b*, EA*c*, &c. vous aurez l'angle EA*a* par cette
proportion.

Le côté AE *connu,*
est au côté E*a* *aussi connu,*
comme le sinus total,
est à la tangente de l'angle cherché EA*a.*

Vous connoîtrez donc l'angle EA*a* :
Pour trouver l'angle EA*b*, vous direz :

Le côté AE *connu,*
est au côté E*b* *connu ;*
comme le sinus total,
est à la tangente de l'angle EA*b* ;

Vous connoîtrez donc encore l'angle EA*b* ; vous
trouverez de la même maniere les angles EA*c*,
EA*d*, &c.

REMARQUE.

Connoissant les angles horaires du Cadran horisontal, on
le décrira facilement avec un demi cercle.

AVERTISSEMENT.

Cette Méthode est excellente pour décrire les petits Ca-
drans, tels que le sont ordinairement les Horisontaux ; il
est bon d'y employer l'échelle géométrique & le calcul des
angles.

ARTICLE III.

Du Cadran Méridional & du Septentrional.

DÉFINITION XXX.

1°. LE *Cadran Méridional* eſt celui que l'on dé-crit ſur un plan vertical qui regarde directe-ment le midi.

2°. *Le Cadran Septentrional* eſt celui que l'on trace ſur un plan vertical qui regarde directement le ſepten-trion.

PROBLEME XIII.

Connoiſſant la hauteur du pole ſur l'horiſon, tracer un Fig. 11. *Cadran ſur un plan vertical méridional.*

SOLUTION.

1°. Sur le plan méridional propoſé, tracez avec un aplomb une ligne vertical AXII, puis par un point E de cette ligne, tracez ſur le Cadran une ligne droite GH d'équerre avec AXII ; la ligne AXII ſerà la commune ſection du Cadran & du cercle de midi, par conſéquent elle ſera méridienne du Cadran : La ligne GH ſera parallele à l'horiſon, & par conſé-quent ligne horiſontale.

2°. Par un point A de la méridienne AXII pris au-deſſus du point E, menez une ligne droite AD faiſant avec AE l'angle DAE, égal au complement de la hauteur du pole ſur l'horiſon ; par exemple, ſi la hauteur du pole ſur l'horiſon eſt de 48. degrés 51. minutes, vous les retrancherez de 90. degrés, il reſtera 41°—9'. pour l'angle DAE, par le point E, tirez la ligne ED d'équerre avec AD.

3°. Portez avec un compas la ligne ED, de E en

B, puis du centre B avec le rayon BE, décrivez le demi cercle FEH, divisez sa demi circonférence en 12. arcs égaux dans les points 7, 8, 9, 10, 11, 12, 1, 2, 3, 4, 5; du centre B aux points de divisions, menez des rayons lesquels prolongés diviseront la ligne GI dans les points G, *i*, *g*, *f*, *e*, *a*, *b*, *c*, *d*, H; du point A centre du Cadran, faites passer par les points G, *i*, *g*, *f*, *e*, *a*, &c. les lignes AVII, AVIII, AIX, AX, AXI, AXII, AI, AII, AIII, AIV, AV, qui seront lignes horaires du Cadran méridional.

4°. Pour avoir la ligne de six heures, par le centre A, menez la ligne 6A6 d'équerre avec la verticale AXII, elle sera ligne de six heures.

5°. Enfin fichez en A une verge de fer dans le plan du méridien, & faisant avec la verticale AXII l'angle DAE, égal au complement de la hauteur du pole sur l'horison, cette verge sera l'axe du Cadran.

D É M O N S T R A T I O N.

Si on éleve par la pensée le triangle ADE perpendiculaire au Cadran, en le faisant tourner autour du côté AE; le côté AD sera parallele à l'axe du monde, puisque l'angle DAE est égal par construction au complement de la hauteur du pole, c'est-à-dire, que l'angle DAE est égal à l'angle que l'axe du monde fait avec la ligne AE. Donc la ligne ED d'équerre avec AD sera le rayon d'un cercle concentrique à l'équateur. Or le rayon BE du demi cercle FEH étant égal à ED, si on applique le centre B au point D, le demi cercle FEH sera concentrique à l'équateur. Donc les lignes BG, B*i*, B*g*, B*f*, B*e*, &c qui comprennent des angles de chacun 15. degrés, feront les communes sections des cercles horaires & de l'équateur. Mais puisque AD est l'axe du monde, tous les cercles horaires passent par le point A, & par conséquent les triangles AB*e*, AB*f*,

ABg, ABi, ABG, ABa, ABb, ABc, &c. ſont les plans des cercles horaires. Donc les lignes AVII, AVIII, AIX, AX, AXI, AXII, AI, AII, &c. ſont les communes ſections du Cadran & des cercles horaires. Donc elles ſont lignes horaires. *Donc &c. C. Q. F. D.*

Premiere Conſéquence.

La méridienne AXII du Cadran méridional eſt auſſi ſouſtilaire du même Cadran, puiſqu'elle paſſe par le pied C du ſtile droit DC & par le centre A du Cadran.

Seconde Conſéquence.

La deſcription du Cadran méridional eſt la même que celle du Cadran horiſontal, avec cette différence, que dans le Cadran horiſontal l'axe fait avec la ſouſtilaire AE, l'angle DAE égal à la hauteur du pole. Dans le Cadran méridional l'angle DAE doit être égal au complement de la hauteur du pole.

REMARQUE I.

On ne peut marquer ſur le Cadran méridional que les heures depuis la ſixiéme du matin juſqu'à la ſixiéme du ſoir, parce que le Soleil n'éclaire ſa ſurface que pendant 12. heures.

REMARQUE II.

Connoiſſant ou étant donné le côté ED du triangle ADE, on déterminera (prob. 9.) le coté AE, & (prob. 11.) les diſtances horaires Ea, Eb, Ec, Ed, &c. ſuppoſons, par exemple, que ED = 1000. particules, Ea ſera = 267, Eb = 577, Ec = 1000, Ed = 1731, EI = 3732.

REMARQUE III.

Quand on aura déterminé les distances horaires E a, E b, E c, &c. on déterminera (prob. 12.) les angles horaires EA a, EA b, EA c, EA d, &c.

PROBLEME XIV.

Décrire un Cadran sur un plan septentrional.

SOLUTION.

Fig. 12.   1°. Sur le plan proposé tracez une ligne d'aplomb CA qui sera la méridienne du Cadran ; par un point E tirez la ligne GH d'équerre avec CA , la ligne GH sera l'équinoxiale , & l'horisontale.

2°. Sur la verticale CA prenez un point A au-dessous de l'horisontale HG , par ce point A tracez la ligne AD , faisant avec AC l'angle DAE égal au complément de la hauteur du pole sur l'horison , puis par le point E tirez la ligne ED d'équerre avec AD.

3°. Portez avec le compas sur la méridienne AC la ligne ED de E en C , puis du centre C avec le rayon CE , décrivez le demi cercle FEG , faites les arcs F a, a c, G b, b o, de chacun 15. degrés , & du centre C par les points a, c, b, o, tirez les rayons C a, C c, C b, C o, lesquels prolongés couperont l'équinoxiale HG dans les points G, P, N, H, du centre A aux points G, P, N, H, menez les lignes AG, AP, AN, AH, qui feront les lignes horaires de 4. & 5. du matin, & de 8. & 7. heures du soir.

4°. Par le centre A menez la ligne MN d'équerre avec AC , la ligne MN sera celle de six heures.

5°. Enfin pour axe , faites trouver le triangle ADE autour du côté AC, en sorte que le plan du triangle soit d'équerre avéc le Cadran, cela étant le côté AD sera parallele à l'axe du monde, & par conséquent il sera l'axe du Cadran.

DÉMONSTRATION.

Elle est la même que celle du Cadran méridional.

REMARQUE.

Le Cadran septentrional est un Cadran méridional renversé de haut en bas, & tourné au nord ; c'est pourquoi dans le Cadran septentrional, le centre A est au-dessous de l'équinoxiale HG ; les lignes horaires AIV, AV, AVII, AVIII, *montent vers le zenith, l'axe* AD *monte aussi.*

ARTICLE IV.

Du Cadran Oriental & Occidental.

DÉFINITION XXXI.

1°. LE *Cadran Oriental* est celui que l'on trace sur une surface verticale qui regarde directement l'orient.

2°. *Le Cadran Occidental* est celui que l'on trace sur une surface verticale qui regarde directement l'occident.

REMARQUE I.

Si un mur est bien d'aplomb, & qu'une de ses surfaces regarde directement l'orient, & l'autre l'occident, & que sur sa surface orientale on trace un Cadran, on l'appelle Cadran Oriental ; *le Cadran tracé sur la surface occidentale, s'appelle* Cadran Occidental.

REMARQUE II.

*Le Cadran Oriental ne montre que les heures du matin,
& le Cadran Occidental ne montre que celles du soir.*

PROBLEME XV.

Fig. 13. *Connoissant la hauteur de l'équateur sur l'horison, décrire un Cadran sur une surface orientale.*

SOLUTION.

1°. Sur la surface orientale donnée, tracez une ligne d'oplomb LA, & une autre ligne AB d'équerre avec LA, la ligne AB sera horisontale.

2°. Par le point A tracez la ligne AK, faisant avec l'horisontale AB l'angle BAK égal à la hauteur de l'équateur sur l'horison, la ligne AK sera donc la commune section du Cadran & de l'équateur.

3°. Par un point D pris à la discrétion sur AK, tracez une ligne EC d'équerre avec AK, puis du centre D avec le rayon DC pris à la discrétion, décrivez une circonférence de cercle ; par les points E, C, diamétralement opposés, tracez les tangentes F11, 3, 11, qui seront paralleles.

4°. Divisez la demie circonférence KEN en 12. arcs égaux de chacun 15. degrés, puis du centre D par les points de divisions, tirez des rayons, lesquels prolongés couperont la tangente FG dans les points 11, 10, 9, 8, 7, 6, 5, 4, 3 ; par ces points vous tirerez les lignes 11, 11 ; 10, 10 ; 9, 9 ; 8, 8 ; 7, 7 ; 6, 6 ; 5, 5 ; 4, 4 ; 3, 3 ; paralleles chacunes au diametre AC, elles seront lignes horaires du Cadran oriental.

5°. Enfin pour axe fichez au centre D une verge de fer DH perpendiculaire au Cadran ; & égale au rayon DC. Autrement fichez en E & C deux verges de fer égales chacune au rayon DC , & perpendiculaire au Cadran , joignez leurs extrémités par une autre verge de fer qui fera l'axe , fon ombre couvrira aux heures marquées les lignes horaires.

DÉMONSTRATION.

L'équateur eft d'équerre avec le méridien. Donc il eft d'équerre avec le plan du Cadran oriental , qui eft un méridien ; d'ailleurs la ligne AB eft horifontale , & l'angle BAK eft égal à la hauteur de l'équateur fur l'horifon ; donc la ligne AK eft la commune fection de l'équateur & du Cadran ; donc la ligne F11 parallele à AK , repréfente aufli la commune fection de l'équateur & du Cadran ; par conféquent fi on fait tourner le demi cercle KEN autour du point E , en forte qu'il foit perpendiculaire au Cadran , & parallele à l'équateur , on pourra confidérer le point D comme le centre de l'équateur , & la ligne DH , qui fera parallele au Cadran , pourra être confidérée comme l'axe du monde. Donc les lignes D11 , D10 , D9 , D8 , D7 , D6 , D5 , D4 , qui comprennent des angles de 15. degrés , feront les communes fections des cercles horaires & de l'équateur ; donc elles font lignes horaires d'un Cadran équinoxial qui aura DH pour axe. Donc les les lignes 11 , 11. 10 , 10. 9 , 9. 8 , 8. 7 , 7. 6 , 6. 5 , 5. 4 , 4. font aufli les communes fections du Cadran & des cercles horaires. Donc elles font lignes horaires du Cadran oriental qui aura DH pour axe. *C. 2. F. D.*

REMARQUE.

Au lieu d'un ftile droit DH , on peut attacher à la pointe H du ftile droit DH une verge de fer parallele à la ligne EC de fix heures , l'ombre de cette verge couvrira succeſſivement les lignes horaires ; ſi on n'employe qu'un ſtile droit DH, l'ombre de la pointe H ſe ter-minera aux heures marquées ſur chacune des lignes horaires.

PROBLEME XVI.

Fig. 14.   *Décrire un Cadran Occidental.*

SOLUTION.

La deſcription du Cadran occidental eſt préci-ſément la même que celle du Cadran oriental ; la figure 14. eſt le modéle d'un Cadran occidental, la ligne LA eſt verticale, AB horiſontale, l'angle BAD égal à la hauteur de l'équateur.

REMARQUE I.

Fig. 13.   *Notez 1°. que le Cadran oriental ne montre que les*
& 14.   *heures d'avant midi , l'occidental ne montre que celles d'après midi.*

Notez 2°. que dans le Cadran oriental & occidental, la ligne EC qui paſſe par le centre D eſt la ligne de ſix heures, & qu'on la peut prendre pour ſouſtilaire.

REMARQUE II.

Etant donné l'axe DH ou le rayon DE , on pourra facilement déterminer par la Trigonométrie les diſtances horaires E_5, E_4, E_7, $E8$ &c. *Par exemple, pour connoître* E_5, *conſidérez que dans le triangle* DE_5, *on connoît DE , d'ailleurs outre l'angle E , qui eſt droit, l'angle* ED_5 *eſt de 15. degrés ; on connoîtra donc* E_5 *par cette analogie.*

Le ſinus de l'angle D_5E connu ,
eſt au côté oppoſé , & donné DE ;
comme le ſinus de l'angle ED_5 donné
eſt au côté oppoſé DE.

Les trois premiers termes de cette analogie étant connus, on connoîtra aussi le quatriéme E5.

ARTICLE V.

Du Cadran Polaire.

DÉFINITION XXXII.

LE *Cadran Polaire* est celui que l'on décrit sur un plan parallele à l'axe du monde, & qui coupe l'horison aux points de l'orient & de l'occident.

REMARQUE.

Le méridien d'un lieu & le plan polaire se coupent à angles droits.

PROBLEME XVII.

Décrire un Cadran sur un plan polaire.

Fig. 15.

SOLUTION.

1°. Tracez (prob. 5.) une méridienne EK sur le plan polaire proposé.

2°. Tracez sur le même plan la ligne AB d'équerre avec EK, la ligne AB sera l'équinoxiale.

3°. Du centre D pris à volonté sur EK avec le rayon DE, décrivez le demi cercle HEP ; divisez les deux quarts de cercle HE, PE, chacun en six arcs égaux, puis du centre D par les points de divisions, tirez des rayons lesquels prolongés couperont la ligne AB dans les points 7, 8, 9, 10, 11, 12, 1, 2, 3, 4, 5, par ces points vous tracerez les lignes 7, 7. 8, 8. 9, 9. 10, 10. 11, 11. 12, 12. 1, 1. 2, 2. 3, 3. 4, 4. 5, 5. paralleles chacune à la méridienne EK, elles seront lignes horaires du Cadran polaire.

4°, Pour axe du Cadran , au centre D élevez une verge de fer DL perpendiculaire au Cadran , & égale au rayon DE , l'ombre de la pointe de ce ftile fe terminera aux heures marquées fur les lignes horaires.

Autrement à la pointe du ftile droit DL , attachez une autre verge de fer parallele à EK , fon ombre couvrira les lignes horaires aux heures marquées.

DÉMONSTRATION.

Le plan polaire eft un méridien. Or l'équateur eft d'équerre avec tous les méridiens. Donc fi on fait tourner le demi cercle HEP autour du point E , en forte qu'il foit d'équerre avec le plan polaire , & que la ligne AEB en foit tangente , on pourra le confidérer comme concentrique à l'équateur. Donc les lignes DH , D7 , D8 , D9 , D10 , D11 , D12 , D1 , D2 , &c. comprenant des angles de chacun 15. degrés , feront les communes fections des cercles horaires & de l'équateur HEP. Donc elles feront lignes horaires d'un Cadran équinoxial , qui aura DL pour axe. Par conféquent les lignes 7 , 7. 8 , 8. 9 , 9. 10 , 10. 11 , 11. &c. font auffi les communes fections des cercles horaires & du plan polaire. Donc elles font lignes horaires du Cadran polaire. Donc l'ombre du ftile DL fe terminera aux heures marquées fur les lignes horaires. *C. Q. F. D.*

CHAPITRE II.

Des Cadrans composés.

DÉFINITION XXXIII.

LEs Cadrans composés font ceux dans lefquels la méridienne & la fouftilaire font différentes.

REMARQUE.

Il y a différentes efpéces de Cadrans compofés, les uns font verticaux ou d'aplomb fur l'horifon, les autres font inclinés à l'horifon.

Les Cadrans verticaux font appellés déclinans lorfqu'ils ne regardent pas directement un des points cardinaux du monde.

Les Cadrans inclinés à l'horifon font ceux que l'on décrit fur des plans inclinés.

AVERTISSEMENT.

La méthode que je donnerai pour décrire les Cadrans compofés, convient également aux Cadrans fimples, elle dépend de deux points d'ombre de la pointe d'un ftile & de la déclinaifon du Soleil ; cette méthode ne fuppofe point que l'on connoît la pofition du plan du Cadran, fçavoir de combien de degré il décline du premier vertical, ou de combien de degrés il eft incliné à l'horifon ; il faut trop de miftére pour déterminer la pofition des plans, c'eft ce qui m'a engagé à prendre une autre méthode.

D

Propofition Fondamentale.

THEOREME.

Fig. 17. **L**E rayon du Soleil fait toujours avec l'axe du monde un angle égal au complement de fa déclinaifon.

DÉMONSTRATION.

Je fuppofe que la ligne MN eft l'axe du monde, S le centre de la terre, le cercle DRF fera un méridien, je fuppofe encore que SR foit le rayon de l'équateur, afin que l'angle RSE ou RSF foit droit; cela pofé; fi on fuppofe le Soleil au point G, l'arc RG fera la déclinaifon du Soleil, & l'angle GSF fera compris entre le rayon GS du Soleil, & l'axe SN du monde; or l'angle GSF eft le complement de la déclinaifon RG.

Pareillement fi la déclinaifon du Soleil eft RH, l'angle HSF compris entre le rayon HS du Soleil & l'axe SN, fera le complément de l'angle de déclinaifon RSH. *C. Q. F. D.*

PROBLEME XVIII.

Fig. 16. *Déterminer le pied d'un ftile fiché fur un plan.*
Soit un ftile TS fiché obliquement fur un Cadran, on demande le pied K de ce ftile, c'eft-à-dire, le point où la perpendiculaire SK abbaiffée de la pointe S fur le Cadran rencontre le Cadran.

SOLUTION.

1°. Tracez fur le Cadran une ligne droite BI, fur laquelle vous prendrez deux points B, I, également éloignés chacun de la pointe S du ftile, puis au point C milieu de BI , vous éleverez la perpendiculaire FCG , sur laquelle vous prendrez avec le compas deux points F , G , également eloignés chacun de la pointe S.

2°. Divisez la ligne FG en deux également au point K , le point K sera le pied du stile TS , c'est-àdire , que la ligne SK sera perpendiculaire au plan du Cadran.

Pour le démontrer , par le point K , je mene la ligne MN parallele à BI ; cela posé.

DÉMONSTRATION.

La ligne CS a deux points C , S , également éloignés chacun des points , B , I ; donc CS est perpendiculaire sur BI , ou BC perpendiculaire sur CS ; or BC est aussi par construction perpendiculaire sur CK.

Donc (n°. 239. Géom.) la ligne BC est perpendiculaire sur le plan du triangle CSK. Par conféquent la ligne MK parallele par construction à BC , est aussi (n°. 241. Géom.) perpendiculaire sur le triangle CSK. Donc MK est perpendiculaire sur KS , ou KS perpendiculaire sur MK ; mais KS est aussi perpendiculaire sur FG , puisque par construction ses deux points K , S , sont également éloignés chacun des points F , G. Donc KS d'équerre avec les deux lignes MN , FG , est perpendiculaire au Cadran. Donc le point K est le pied du stile. *C. Q. F. D.*

REMARQUE.

Le pied du stile est essentiel dans la description des Cadrans , c'est pourquoi il faut le marquer avec toute la justesse possible.

PROBLEME XIX.

Fig. 17.   *Deux points d'ombre étant donnés, & la déclinaison du Soleil, déterminer la position de l'axe du Cadran.*

Soit un ftile TS fiché fur un plan, je fuppofe que l'on a obfervé fur le plan du Cadran deux points d'ombre A, & B, de la pointe S du ftile, & que l'on fçait qu'elle étoit la déclinaifon du Soleil, quand on a obfervé le point d'ombre A, & le point d'ombre B, on propofe d'attacher à la pointe S du ftile TS une verge MN parallele à l'axe du monde.

SOLUTION.

Il eft clair que, puifque la pointe S eft un point donné de l'axe, fi on peut trouver un autre point, par exemple P de l'axe, la ligne MN qui paffera par les points S, P, fera parallele à l'axe du monde.

Il eft encore clair que la ligne MN étant parallele à l'axe du monde, les points A, & B, étant deux points d'ombre de la pointe S du ftile, le Soleil étant en G, quand on a obfervé le point d'ombre B, & en H quand on a obfervé le point d'ombre A ; fi on confidére la pointe S du ftile comme le centre de la terre, l'angle GSN compris entre le rayon GS du Soleil & l'axe SN fera (th. préced.) le complément de la déclinaifon RSG, du Soleil au tems du point d'ombre B ; Pareillement l'angle HSN fera le complément de la déclinaifon RSH du Soleil au tems du point d'ombre A ; D'ailleurs les lignes PA, PB, exprimeront les diftances du point P de l'axe MN jufqu'aux points d'ombre A & B.

Voici ce qu'il faut faire pour trouver un point P de l'axe MN plus feptentrional que la pointe S du ftile.

1°. Sur un plan à part tracez une ligne droite *mn*.

2°. Si le Soleil étoit dans la partie septentrionale du monde , quand vous avez observé les points d'ombre A , & B , par un point *s* de la ligne *mn* ; tirez la ligne *sb* faisant l'angle *msb* égal à l'angle GSN ou son égal MSB , complement de la déclinaison RSG du Soleil au tems du point d'ombre B. Pareillement par le point *s* tirez la ligne *sa* faisant l'angle *msa* égal à l'angle HSN , ou son égal MSA complement de la déclinaison du Soleil RSH au tems du point d'ombre A.

3°. Faites la ligne *sb* égale à la ligne SB distance de la pointe S du stile au point d'ombre B ; faites aussi la ligne *sa* égale à la ligne SA , distance de la pointe S au point d'ombre A.

4°. D'un point *p* pris sur *mn* du côté de *n* , menez les lignes , *pa* , *pb* , vous aurez une figure *psab* , qui servira à trouver le point P de l'axe MN en cette maniere.

Au point d'ombre A attachez un file de soye ou une baguete AP égale à la ligne *ap* ; pareillement au point d'ombre B attachez un autre file de soye ou une baguete BP égale à la ligne *bp* , faites les convenir par leurs extrémités en un point P pour avoir le triangle APB.

Présentement faites tourner le triangle APB autour de sa base AB , de façon que le sommet P soit plus vers le nord que la pointe S du stile de la quantité SP égale à *sp* ; cela étant , si par les points S , P , on fait passer une verge de fer bien droite MN , elle sera parallele à l'axe du monde.

D É M O N S T R A T I O N.

Les triangles PSA , *psa* , sont par construction équilatéraux entr'eux aussi bien que les triangles PSB , *p s b* ; donc les triangles PSA , *psa* , sont équiangles entr'eux , aussi bien que les triangles PSB , *psb*.

D iij

Par conséquent l'inclinaison de la ligne MN sur les rayons du Soleil SA, SB, est égale à l'inclinaison de l'axe du monde sur les mêmes rayons. Donc la ligne MN est parallele à l'axe du monde. *C. Q. F. D.*

REMARQUE I.

Si la déclinaison du Soleil avoit été méridionale, quand on a observé les points d'ombre A *&* B*, par exemple, si le Soleil avoit été en* g *&* h*, pour trouver le point* P *plus septentrional que la pointe* S*, il auroit fallu faire l'angle* msb *égal à l'angle* gSF *somme de l'angle droit* RSF*, & de la déclinaison* gSR *du Soleil au tems du point d'ombre* B *; pareillement il auroit fait faire l'angle* msa *égal à l'angle* hSF*, somme de l'angle droit* RSF*, & de la déclinaison* hSR *du Soleil au tems du point d'ombre* A.

REMARQUE II.

Si le Soleil n'a pas changé de déclinaison entre les deux observations des points d'ombre A *&* B*, les angles* msb*, msa, seront égaux, les lignes* sa*,* sb*, se confondront ensemble.*

REMARQUE III.

Il ne faut pas prendre la ligne sp *trop grande, afin qu'en déterminant le point* P *de l'axe* MN*, ce point* P *ne soit pas au de-là du Cadran.*

REMARQUE IV.

On peut observer les points d'ombre A *&* B*, le même jour, ou en des tems fort éloignés l'un de l'autre.*

REMARQUE V.

Les rayons du Soleil SA, SB, compris entre la pointe

du stile, & les points d'ombre A & B font les angles FSA,
FSB, égaux à la somme d'un angle droit & de la déclinai-
son du Soleil : ainsi l'angle FSA est égal à l'angle HSD,
qui vaut l'angle droit RSD & l'angle RSH de la
déclinaison du Soleil.

REMARQUE VI.

Quand on a déterminé la position de l'axe d'un Ca- **Fig. 18.**
dran, il est facile de tracer la soustilaire ; par exem-
ple, soient deux points d'ombre F & G de la pointe B du stile
BR ; ayant déterminé par le probleme présent l'axe AB,
par le moyen des points d'ombre F & G, & de la dé-
clinaison du Soleil ; de deux points A & B de l'axe,
on abbaissera sur le Cadran les perpendiculaires AI, BC,
par les points I, C, on tracera une ligne droite DH,
qui sera la soustilaire du Cadran ; ce que je prouve
ainsi.

La soustilaire est une ligne droite qui passe par le pied
du stile droit ; or les deux lignes AI, BI, perpendiculaires
au Cadran tirées de deux points A & B, de l'axe du
monde, sont deux stiles droits. Donc la ligne DICH est
soustilaire.

Mais cette méthode est méchanique , en voici
une autre dans le probleme suivant qui est géométrique.

PROBLEME XX.

Deux points d'ombre étant donnés, & la déclinaison du **Fig. 19.**
Soleil, tracer la soustilaire.

Soit un stile RS fiché au point R sur le plan
d'un Cadran, je suppose que l'on a observé sur le
plan du Cadran deux points d'ombre **A** & **B** de la
pointe S du stile , & que l'on connoit la déclinaison
du Soleil aux tems de ces points d'ombre , on demande la soustilaire.

SOLUTION.

Sur un plan à part tracez une ligne droite HF ; ſi le Soleil eſt dans la partie Septentrionale du monde, menez par le point G, la ligne GL, faiſant l'angle FGL égal au complément de la déclinaiſon du Soleil, quand on a obſervé le point d'ombre A ; faites GL égal à la diſtance de la pointe du ſtile RS au point A ; par le même point G, tirez la ligne GD égale à la diſtance de la pointe S au point d'ombre B, & faiſant l'angle FGD, égal au complément de la déclinaiſon du Soleil, quand on a obſervé le point d'ombre B.

D'un point P du côté de H, menez les lignes PL, PD, la figure PGDL ſervira à trouver un point de la ſouſtilaire qui réponde à un point de l'axe du monde plus ſeptentrional que la pointe S du ſtile de la longueur GP, voici comment :

1°. Du point A pour centre avec le rayon PL, décrivez l'arc LXT, & du point B pour centre avec le rayon PD, décrivez l'arc LNT, ces deux arcs ſe couperont en L & T, menez-les lignes AB, LT, qui feront d'équerre entre elles.

2°. Du centre C avec le rayon CT, décrivez le demi cercle LQT.

3°. Déterminez (prob. 18.) le pied Z du ſtile RS, & du centre Z avec le rayon PG, décrivez un arc qui coupe LT en I.

4°. Tirez la ligne GK parallele à AB & égale à la diſtance de la pointe S au pied Z du ſtile ; puis du centre K avec le rayon GI, décrivez un arc circulaire qui coupe en *a* la demie circonférence TQL ; du point *a* tirez la ligne *ao* d'équerre avec la ligne LT ; enfin par les points O, Z, tracez la ligne OZR qui ſera la ſouſtilaire cherchée ; pour le démontrer je tire les lignes AT, BT, cela poſé :

DÉMONSTRATION.

Il eſt certain que ſi aux points d'ombre **A** & **B** on attache deux files de ſoye égaux aux lignes PL, PD, tels que ſont les côtés AT, BT, du triangle ATB, faiſant tourner le triangle ATB autour de ſon côté AB, ſon ſommet T parcourera la demie circonférence du demi cercle TQL perpendiculaire au Cadran, & lorſque le point T ſera à une diſtance de la pointe S du ſtile égale à PG, on aura un autre point de l'axe plus ſeptentrional que la pointe S, de la quantité PG, (prob. 19.) il faut prouver que c'eſt le point *a*.

1°. Conſiderez que par conſtruction GK=ZS hauteur du ſtile RS. Mais le demi cercle TQL étant perpendiculaire au Cadran, la ligne GK ſera auſſi perpendiculaire au Cadran, donc la ligne GK ſera alors parallele au ſtile droit, l'une & l'autre étant perpendiculaire au Cadran; par conſéquent la ligne GZ exprimera la diſtance de la pointe S & du point K; la ligne SK ſera donc =GZ.

2°. Les deux lignes SK, GZ, compriſes entre deux lignes paralleles & égales, ſeront auſſi paralleles & égales.

3°. Le demi cercle TQL étant perpendiculaire au Cadran, la ligne GK ſera auſſi perpendiculaire au Cadran, & par conſéquent d'équerre avec la ligne GZ, c'eſt-à-dire, que GZ eſt perpendiculaire ſur GK, la même ZG eſt perpendiculaire ſur GC, donc ZG eſt perpendiculaire ſur le demi cercle TQL. Donc la ligne SK parallele à ZG ſera auſſi perpendiculaire au même demi cercle, & par conſéquent ſur la ligne K*a*, c'eſt-à-dire, que l'angle SK*a* ſera droit. Or par conſtruction K*a*=GI côté du triangle rectangle ZGI; donc les deux côtés GZ, GI, du triangle rectangle ZGI étant égaux aux deux côtés SK, K*a*, du triangle rectangle SK*a*, les hypothenuse ZI, S*a*, sont aussi égales. Mais par construction ZI=PG. Donc aussi S*a* égale PG. Donc le point *a* est éloigné de la pointe S de la quantité PG, donc il est un point de l'axe du monde plus septentrional que la pointe S de la quantité PG; Donc si du point *a* on abbaisse la ligne *ao* perpendiculaire sur LT, le point *o* sera un point de la sousstilaire; le pied Z du stile RS est aussi un point de la sousstilaire par la définition XXIV. Par conséquent la ligne OZR est la sousstilaire cherchée. *C. Q. F. D.*

PROBLEME XXI.

Fig. 20.

La sousstilaire étant tracée, déterminer géométriquement l'inclinaison de l'axe du monde à l'égard de la sousstilaire.

SOLUTION.

Je suppose que par le moyen de deux points d'ombre de la pointe S du stile RS, on a tracé la sousstilaire OR, par le probleme précédent; vous ne laisserez sur le Cadran que cette seule ligne, avec les points O, Z, bien marqués; pour trouver l'inclinaison de l'axe sur la sousstilaire OR;

1°. Au point Z pied du stile RS, élevez la perpendiculaire ZK égale à la hauteur du stile ou à la distance des points Z & S.

2°. Par O menez la ligne *oa* parallele à ZK, & égale à l'ordonnée *ao* du demi cercle TQL (fig. 19.)

3°. Par les points *a*, K, tirez la ligne *a*K, l'angle KCZ sera l'inclinaison de l'axe du monde avec la sousstilaire CR.

DE'MONSTRATION.

Si le trapeze *ao*ZK se meut autour du côté OZ & qu'il devienne perpendiculaire au Cadran, les deux points *a*, K, feront (Prob. préced.) deux points de l'axe du monde. Donc la ligne CK eft parallele à l'axe du monde.

REMARQUE I.

Si l'axe aK rencontre la foustilaire OR fur le plan du Cadran en C, le point C fera le centre du Cadran; fi le point C de rencontre n'eft pas fur le Cadran, il n'aura pas de centre, la ligne aK qui joint les extrémités des perpendiculaires KZ, ao, fera une partie de l'axe.

REMARQUE II.

Si on mefure avec un demi cercle l'angle KCZ, on connoîtra l'angle que l'axe CK fait avec le plan du Cadran.

PROBLEME XXII.

La foustilaire étant tracée, & la pofition de l'axe étant donnée à l'égard de la foustilaire, tracer la ligne équinoxiale. Fig. 21.

Je fuppofe que la ligne HE eft la foustilaire, HB la pofition de l'axe, c'eft-à-dire, que l'angle BHE eft égal à celui que l'axe doit faire avec la foustilaire HE, on demande la ligne équinoxiale.

SOLUTION.

1°. Par un point B de la ligne HB, tirez la ligne BE d'équerre avec HB.

2°. Par le point E, où la ligne BE coupe la foustilaire HE, tracez la ligne FG d'équerre avec la foustilaire, la ligne FG fera l'équinoxiale, c'eft-à-dire, la commune fection du Cadran & de l'équateur.

DÉMONSTRATION.

Si on fait tourner le triangle HBE autour de fon

hypothenufe HE , en forte que le plan du triangle foit perpendiculaire au plan du Cadran.

L'angle BHE étant par conftruction égal à celui que l'axe du monde fait avec le plan du Cadran , la ligne HB pourra être confidéré comme l'axe même du monde ; par conféquent le point B peut être regardé comme le centre de l'équateur ; donc la ligne BE d'équerre avec l'axe HB eft le rayon d'un cercle concentrique à l'équateur ; mais la ligne FG eft la tangente du cercle qui a BE pour rayon ; donc cette ligne FG eft dans le plan de l'équateur , & par conféquent elle eft la commune fection de l'équateur & du Cadran ; donc FG eft la ligne équinoxiale. *C. Q. F. D.*

REMARQUE.

Si du point B on abbaiffe BP perpendiculaire fur HE , cette ligne BP fera le ftile droit , & le point P fera le pied du ftile droit.

DÉFINITION XXXIV.

La ligne horifontale d'un Cadran eft la commune fection du Cadran & d'un plan parallele à l'horifon , & paffant par la pointe de l'axe du Cadran.

PROBLEME XXIII.

Fig. 22.

L'axe étant pofé , tracer la ligne horifontale.
Je fuppofe que AB eft l'axe d'un Cadran, on demande la ligne horifontale.

SOLUTION.

1°. Déterminez (prob. 18.) le pied P du ftile droit.

2°. Faites paffer une régle par le point P , pofez la regle horifontale par le moyen d'un niveau pofé fur la régle , puis tracez la ligne DPN fuivant le bord de la regle , cette ligne DN fera l'horifontale cherchée, si le Cadran est vertical ; mais si le Cadran n'est pas verticale , après avoir tracée la ligne DN.

3°. Par le pied P du stile menez la ligne IM d'équerre avec la ligne DN.

4°. Avec un compas prenez la distance du pied P à la pointe B de l'axe , portez cette distance de P en D.

5°. De quelque point R de la ligne IM , prenez avec un compas la plus courte distance qu'il y a depuis ce point R jusqu'au file de l'aplomb BO attaché à la pointe de l'axe , puis du centre R avec cette distance , décrivez l'arc FGI , & par le point D tracez la ligne DH qui soit la tangente de cet arc ; par le même point D , tracez la ligne DL d'équerre avec DH , elle coupera en L la ligne IM , par ce point L , menez la ligne CK parallele à DN , la ligne CK sera l'horisontale cherchée.

DÉMONSTRATION.

1°. Si le plan du Cadran est vertical , le stile droit sera parallele à l'horison ; puisque le stile droit & l'horison seront chacun perpendiculaire au plan du Cadran , & par conséquent paralleles entre eux. Par conséquent la ligne horisontale DN qui passe par le pied P du stile , sera la commune section du Cadran , & d'un plan horisontale passant par la pointe B de l'axe AB.

2°. Mais si le Cadran est incliné à l'horison , le plan horisontal qui passera par la pointe B de l'axe , coupera le plan du Cadran au-dessus ou au-dessous de P ; par conséquent la ligne horisontale ne passera pas par le point P , pour tracer cette ligne il faudra suivre les regles que l'on vient de donner , & la ligne CK , trouvée par ces régles sera l'horisontale cherchée ; pour le prouver , faites tourner par la pensée la figure LDGR autour de la ligne IM , en sorte que son plan soit d'équerre au plan du Cadran , cela étant.

Puifque P eft le pied du ftile, & que la ligne PD perpendiculaire fur IM, eft égale au ftile droit ou à la diftance de P à B, le point D tombera fur le point B ; d'ailleurs le rayon RG étant égal à la plus courte diftance à la ligne d'aplomb BO, le point G tombera fur un point de la ligne BO ; mais puifque la ligne CH eft tangente de l'arc FGI, le point G étant appliqué à la ligne BO, la ligne CH fera collée fur la ligne BO; par conféquent la ligne LD d'équerre par conftruction avec CD fera auffi d'équerre avec la verticale BO ; donc la ligne LD fera horifontale. Donc la ligne CLK parallele à DN fera la commune fection du Cadran & du plan horifontal qui paffe par la pointe B de l'axe AB. *C. Q. F. D.*

PROBLEME XXIV.

Fig. 23. *La fouftilaire, la ligne horifontale & la pofition de l'axe à l'egard de la fouftilaire, étant données, tracer la méridienne.*

SOLUTION.

PREMIER CAS.

Dans lequel on fuppofe que le Cadran eft vertical, & que le centre eft donné.

Si le plan du Cadran eft vertical, & que le centre foit donné, pour tracer la méridienne ; par le centre du Cadran il faut mener une ligne droite d'équerre avec la ligne horifontale, elle fera la méridienne du Cadran.

Fig. 23. Par exemple, fi on fuppofe que A eft le centre du Cadran, ou le concours de la fouftilaire AH & de l'axe AB, & que CD eft la ligne horifontale, pour avoir la méridienne, par le centre A menez une ligne droite AF d'équerre avec CD, la ligne AF fera méridienne du Cadran, ce qui eft évident.

SECOND CAS.

Dans lequel on suppose que le Cadran est incliné, &
que le centre est donné.

Si le plan du Cadran est incliné à l'horison, sup-Fig. 24.
posons que CB est son axe, C son centre, pour
tracer la méridienne.

1°. A la pointe B de l'axe, attachez l'aplomb BF;
puis mirant le long du file BF avec un œil placé de
maniere que le file BF cache le centre C du Cadran,
tenant toujours l'œil dans la même position, marquez sur le Cadran un point M qui soit aussi caché par le file BF.

2°. Du centre C au point M, tirez une ligne
droite CM, si en mirant plusieurs fois avec un
œil le long du file BF, la ligne CM est bien cachée
par le file BF, elle sera la méridienne cherchée.

Voici la raison de cette Pratique.

Le file BF est vertical, il est donc dans un plan
vertical à l'horison; par conséquent puisqu'il couvre
la ligne CM, le file BF & la ligne CM font dans un
même plan vertical; la ligne CM est donc la commune section du Cadran, & d'un plan vertical passant par le centre C du Cadran. Or la méridienne
d'un Cadran est la commune section du Cadran &
d'un plan vertical à l'horison, & passant par le centre du Cadran. Donc la ligne CM est la méridienne.
C. Q. F. D.

TROISIE'ME CAS.

Dans lequel on suppose que le Cadran est vertical,
& qu'il n'a pas de centre.

Je suppose que la ligne EP est la soustilaire d'un Fig. 25.
Cadran vertical, FS l'axe, ces deux lignes EP,
FS, concourent dans un point L hors le plan
du Cadran, pour tracer la méridienne.

1°. Prenez fur la fouſtilaire deux points E , C , par leſquels vous tracerez deux lignes EF , CI , paralleles à l'horiſon.

2°. Des points C , I , abbaiſſez ſur EF les perpendiculaires CB , IA , & par les points B , A , tirez les droites BK , AK , parallèles aux lignes EC, FI.

3°. Enfin du point K ou les lignes BK , AK , ſe coupent , tirez la ligne KR d'équerre ſur l'horiſontale FE , la ligne KR ſera la méridienne cherchée.

Voici la raiſon de cette opération.

La méridienne du Cadran doit paſſer par le centre du Cadran , c'eſt-à-dire , par le point L de concours de la fouſtilaire , & de la ligne de l'axe. Or la ligne RK prolongée , doit paſſer par le point L concours de la fouſtilaire EP , & de l'axe FS ; ce qui eſt évident à cauſe des triangles AKR , ILK , égaux & ſemblables. Donc la ligne RK eſt la méridienne.

Notez que ſi les deux lignes AK , BK , ne concouroient pas ſur le Cadran , il faudroit faire la même opération ſur les lignes AK , BK , pour trouver le point N.

QUATRIE'ME CAS.

Dans lequel le Cadran eſt incliné à l'horiſon , & le concours de la fouſtilaire , & de l'axe eſt hors le Cadran.

Fig. 26.　　Je ſuppoſe que la ligne FB eſt la fouſtilaire du Cadran incliné à l'horiſon , & que la ligne GC eſt la poſition de l'axe à l'égard de la fouſtilaire ; pour tracer la méridienne.

1°. Prenez à volonté un point F ſur la fouſtilaire , & un point G ſur la ligne de l'axe , puis menez la ligne GF.

2°. A la pointe S de l'axe , ſuſpendez un aplomb SA , puis mirez avec un œil le long du file de l'aplomb , en ſorte que le file SA cache le point G ,

tenez

tenez l'œil immobile dans la même situation, & marquez fur le Cadran un point M, qui foit encore caché par le file SA de l'aplomb, puis tracez la ligne GM qui foit bien cachée par le file de l'aplomb ; tracez de la même maniere, en mirant avec un œil le long du file de l'aplomb, une autre ligne FN paffant par le point F, & qui foit cachée par le file de l'aplomb SA.

3°. Joignez les points G, F, par la ligne GF, puis par un point K de la ligne GF, tracez la ligne KP parallele à GC, & KR parallele à GM, après quoi vous tirerez la ligne RP.

4°. Si les deux lignes GM, FN, prolongées fe rencontrent fur le plan du Cadran dans un point Y, pour avoir la méridienne, il n'y aura qu'à tracer la ligne YH parallele à RP, elle fera la méridienne cherchée.

5°. Mais fi les deux lignes GM, FN, prolongées ne fe coupent pas fur le Cadran, pour tracer la méridienne YH, prenez fur GF la ligne FI double ou triple de FE, & la ligne GO double ou triple de KE ; puis par les points I, O, vous tirerez les lignes ID, OD, paralleles aux lignes FN, GM ; enfin par le point D où ces deux lignes s'entrecoupent, vous menerez la ligne DH parallele à RP, cette ligne DH fera la méridienne cherchée.

DÉMONSTRATION.

La ligne GM eft par conftruction dans le plan du file verticale SA, donc la ligne GM eft la commune fection du Cadran & d'un plan perpendiculaire à l'horifon.

Pareillement la ligne FN, étant dans le plan du file vertical SA, eft encore la commune fection d'un plan vertical & du Cadran. Par conféquent les deux lignes GM, FN, font les communes fections du

E

Cadran & de deux plans qui paſſent par le Zenith &
qui ſont perpendiculaires à l'horiſon.

Donc les lignes OD , ID , paralleles aux lignes
GM , FN , ſont auſſi les communes ſections du Cadran & de deux plans verticaux qui paſſent par le zenith. Donc la ligne YDH paſſe par les concours Y &
D de tous les plans verticaux ; or la méridienne
doit paſſer par les mêmes concours. Donc la ligne
YDH eſt la méridienne cherchée. *C. Q. F. D.*

Remarque I.

*Si le Cadran eſt horiſontal , la ſouſtilaire étant tra-
cée on aura la méridienne , puiſque par la troiſiéme conſéquence du probleme* VIII. *dans le Cadran horiſontal
la méridienne eſt auſſi ſouſtilaire.*

On connoîtra donc qu'un plan eſt horizontal , ſi la
Souſtilaire eſt Méridienne.

Remarque II.

*Si le Cadran eſt vertical & directement tourné au mi-
di , la ſouſtilaire étant tracée , on aura la méridienne ,
puiſque par la premiere conſéquence du probleme* XIII.
*dans le Cadran méridional , la ſouſtilaire & la méridien-
ne ſe confondent.*

On connoîtra donc qu'un plan eſt directement
tourné au midi , lorſque la méridienne & la ſouſtilaire ſe confondront enſemble.

On connoîtra auſſi qu'un plan vertical eſt déclinant , c'eſt-à-dire , qu'il ne regarde pas directement
le midi , ou le ſeptentrion , lorſque la ſouſtilaire &
la méridienne du plan ſeront différentes.

CHAPITRE III.

De la description des Cadrans composés.

PROBLEME XXV.

D E'crire un Cadran sur un plan vertical déclinant Fig. 27. de l'occident à l'orient.

SOLUTION.

1°. Par deux points d'ombre d'un stile fiché sur le Cadran, tracez (prob. 20.) la souftilaire CD du Cadran.

2°. Déterminez (prob. 21.) la position de l'axe à l'égard de la souftilaire CD, & menez la ligne KC, faisant avec la souftilaire CD, l'angle KCL égal à l'inclinaison de l'axe du monde sur la souftilaire CD.

3°. Déterminez (prob. 18.) le pied L du stile qui vous a servi pour tracer la souftilaire CD par deux points d'ombre.

4°. Par le point L, tracez (prob. 23.) la ligne horifontale AF.

5°. Tracez par le premier ou troisiéme cas du probleme XXIV. la méridienne CB du Cadran.

6°. Au point L, élevez sur la souftilaire CD la perpendiculaire LK ; qui coupera en K la ligne CK de l'axe ; par le point K, menez la ligne KP d'équerre avec CK, la ligne KP coupera la souftilaire CD au point P ; par ce point P, tirez la ligne PO d'équerre avec CD, la ligne IO sera (prob. 22.) l'équinoxiale.

7°. Portez avec un compas la distance PK de P en H sur la souftilaire, & du centre H avec le rayon HP, décrivez un cercle.

8°. Du centre H au point G où la méridienne CB coupe l'équinoxiale IO , tirez la ligne HG , & du même centre H au point R , où la ligne horifontale AF coupe l'équinoxiale IO , tirez la ligne HR , fi l'opération eft bien jufte , l'angle GHR fera droit.

9° Divifez la circonférence du cercle H de 15. en 15. degrés , en commençant au rayon HG ou HR , comme vous voyez dans la figure ; du centre H par les points de divifions *a* , *c* , *b* , *d* , &c. menez des rayons lefquels prolongés couperont la ligne équinoxiale IO dans les points 5 , 6 , 7 , 8 , 9 , 10 , 11 , 12 , 1.

10°. Du centre C par les points 5 , 6 , 7 , 8 , 9 , 10 , 11 , 12 , 1 , menez les lignes droites CV , CVI , CVII , CVIII , CIX , CX , CXI , CXII , CI , qui feront les lignes horaires du Cadran.

11°. Enfin faites tourner le triangle CKP autour de fon hypothénufe CP , en forte que le plan du triangle foit d'équerre avec le plan du Cadran , alors le côté CK fera l'axe du Cadran.

On peut encore pour axe ficher en C une verge de fer faifant avec la fouftilaire CD l'angle KCL.

DÉMONSTRATION.

Si on fait tourner par la penfée le triangle CKP autour de la Souftilaire CD , en forte qu'il foit d'équerre au plan du Cadran , puifque la fouftilaire CH eft la commune fection du Cadran & d'un méridien perpendiculaire au Cadran , & que l'angle KCL eft égal à l'inclinaifon de l'axe du monde fur le Cadran ; la ligne PK perpendiculaire à l'axe KC eft le rayon d'un cercle concentrique à l'équateur , dont K eft le centre. Donc fi on applique le centre H du cercle *aPn* au point K , le cercle *aPn* fera concentrique à l'équateur ; par conféquent les lignes H5 , H6 , H7 , H8 , H9 , H10 , H11 , H12 , H1 , qui comprennent des angles de 15. degrés, sont les communes sections des cercles horaires & de l'équateur.

Donc aussi les lignes C5, C6, C7, C8, C9, C10, &c. sont les communes sections du Cadran vertical déclinant & des cercles horaires ; par conséquent elles sont lignes horaires de ce Cadran. *C. Q. F. D.*

REMARQUE I.

J'ai dit qu'il falloit commencer au rayon HR la division du cercle H de 15. en 15. degrés ; en voici la raison. Le cercle de six heures passe par l'intersection de l'horison & de l'équateur ; donc le point R sur la surface du Cadran étant l'intersection de l'horisontale AF & de l'équinoxiale IO, ce point R est celui de six heures. Donc le rayon HR détermine sur la circonférence du cercle H le point C par où on peut commencer à diviser le cercle H pour trouver les lignes horaires.

REMARQUE II.

J'ai aussi dit que l'angle RHG devoit être droit pour que l'opération soit juste. En voici la raison.

Le point G est l'intersection de la méridienne CB, & de l'équinoxiale IO, nous venons de voir que le point R est celui de six heures. Donc l'arc cPs de l'équateur compris entre les deux rayons Hs, Hc est de 90. degrés. Donc l'angle GHR est droit.

REMARQUE III.

Si le Cadran vertical, que l'on vient de décrire, regarde indirectement le midi, l'axe s'inclinera sur la partie occidentale du plan, le Cadran sera méridional déclinant de l'occident à l'orient, il montrera plus d'heures avant midi qu'après. Si le Cadran déclinoit de l'orient à l'occident, il montreroit plus d'heures après midi que le matin, & l'axe s'inclineroit sur la partie orientale du plan.

REMARQUE IV.

Les regles que je viens de donner pour décrire les Cadrans verticaux déclinans, peuvent s'appliquer à toutes sortes de Cadrans ; on peut en les suivant décrire des Cadrans avec la même facilité sur toutes sortes de plans ; il faut seulement observer que dans les adrans inclinés ou surplombés à l'horison, la ligne horisontale ne passe point par le pied L du stile comme la ligne AF qui est l'horisontale du Cadran vertical que l'on vient de tracer.

Dans les Cadrans inclinés à l'horison, il faut (prob. 23.) tracer la ligne horisontale, tout le reste se fait par les regles du problême présent.

REMARQUE V.

On reconnoît à l'axe d'un Cadran vertical de quel côté le plan du Cadran décline ; car si l'axe s'incline du côté de la partie orientale du plan, si le Cadran regarde le midi, le Cadran sera méridional déclinant de l'orient à l'occident.

Si l'axe s'incline du côté de la partie occidentale du plan, il sera déclinant de l'occident à l'orient.

CHAPITRE IV.

Des Cadrans qui n'ont pas de centre.

DÉFINITION XXXV.

LEs Cadrans *sans centre* sont ceux dans lesquels la méridienne & la soustilaire concourent au de-là du Cadran.

REMARQUE.

On est souvent obligé à décrire des Cadrans sans centre, de peur que leur figure ne devienne trop grande.

PROBLEME XXVI.

Décrire un Cadran sans centre.

Fig. 28.

SOLUTION.

1°. Tracez (prob. 20.) la soustilaire KC, & (prob. 21.) la ligne de l'axe KY, qui rencontre la soustilaire en K hors le Cadran.

2°. Par un point G , menez la ligne GX d'équerre avec la ligne de l'axe KY , cette ligne GX représentera le rayon d'un cercle concentrique à l'équateur, vous porterez donc GX sur la soustilaire de X en C, & du centre C avec le rayon CX , décrivez l'arc DXR.

3°. Pareillement par un autre point *g* , menez la ligne *gx* d'équerre avec l'axe KY , portez la ligne *gx* de *x* en *c* sur la soustilaire & du centre *c* avec le rayon *cx*, décrivez l'arc *dxr*.

4°. Tracez (prob. 23.) deux lignes horisontales MN, *mn* , & par les points X , *x* , tracez les li-

E iiij

gnes PQ , AB , d'équerre avec la fouftilaire KC , ces deux lignes feront (prob. 22.) deux équinoxiales.

5°. Divifez les circonférences des cércles C , *c* , de 15. en 15. degrés, vous commencerez les divifions par les points D , *d* , dans lefquels les lignes CE , *ce* ; coupent les équinoxiales AB , PQ , des centres C , *c* , par les points de divifions , menez des rayons lefquels prolongés , rencontreront les équinoxiales , PQ , AB , dans les points E , F , &c. & *e* , *f* , &c. joignez les points E , *e* ; & , F , *f* , &c. par des lignes droites E*e* , F*f* , &c. qui feront les lignes horaires du Cadran fàns centre.

6°. Enfin pour axe , faites tourner le trapeze G*gh*H autour du côté H*h* , en forte que fon plan foit d'équerre avec le Cadran , cela étant la ligne G*g* fera l'axe.

DÉMONSTRATION.

Si on imagine le trapeze G*gh*X perpendiculaire au Cadran, les deux lignes GX, *gx*, d'équerre avec l'axe G*g* , feront rayons de deux cercles paralleles à l'équateur ; donc fi on colle les rayons CX , *cx* , avec les lignes GX , *gx* , les deux cercles C , *c* , feront paralleles à l'équateur , & parce que les lignes CE , CF , &c. *ce* , *cf* , &c. comprennent des angles de 15. degrés , elles font les communes fections des cercles horaires & des cercles équateurs C , *c*. Par conféquent les lignes E*e* , F*f* , &c. font auffi les communes fections des cercles horaires & du Cadran fans centre. *Donc &c. C. Q. F. D.*

REMARQUE.

Les points E , e , dans lefquels les horifontales MN , mn , & les équinoxiales PQ , AB fe coupent, font par la remarque I. du probleme précédent , les points de fix heures ; donc la ligne Ee eft celle de fix heures , par conféquent pour avoir les autres lignes horaires , il faut commencer aux points D, d, *à diviser les circonférences des cercles* C, c, *de 15. en 15. degrés.*

CHAPITRE V.

Dans lequel on enseigne à tracer sur les Cadrans les paralleles du Soleil.

DÉFINITION XXXVI.

L Es Courbes, que l'ombre de la pointe de l'axe décrit sur un Cadran à l'entrée du Soleil dans chaque signe du Zodiac, sont appellées *paralleles du Soleil*, ou *arcs des signes*.

DÉFINITION XXXVII.

Le Trigone des signes est une figure qui sert à décrire les paralleles du Soleil sur les Cadrans.

PROBLEME XXVII.

Décrire le Trigone des Signes.   Fig. 29.

SOLUTION.

1°. Sur un plan tracez une ligne droite GB d'une longueur arbitraire, du centre G avec le rayon GB décrivez deux arcs BC, BD, de chacun 23° —— 29′. menez les rayons GC, GD; cela étant l'arc CD représentera l'arc du méridien compris entre les deux Tropiques, les arcs BC, BD, représenteront les arcs du méridien compris entre l'équateur & les Tropiques. Par conséquent si le point C est celui du Tropique du Capricorne ♑, le point D sera celui du Cancer ou l'Ecrevisse ♋, la ligne GB représentera l'équateur, & par conséquent le point в sera celui du Belier & de la Balance , ♈ , ♎.

2°. De part & d'autre du point B , prenez les arcs BI , BQ , de chacun 11° — 29′. 30″. parce que les lignes du Taureau , de la Vierge , du Scorpion & des Poissons déclinent depuis l'équateur de 11°. — 29′. — 30″. le point Q sera celui du Taureau & de la Vierge ♉ , ♍ , & le point I sera celui du Scorpion & des Poissons ♏ , ♓.

3°. De part & d'autre du point B , prenez les arcs BP , BK , chacun de 20° — 11′. 15″. & parce que les signes du Lyon , des gemeaux , du Sagittaire & du Verseau déclinent de 20° — 11′ — 15″. le point P sera celui du Lyon & des Gemeaux ♌ , ♊ , & le point K celui du Sagittaire & du Verseau , ♐ , ♒. La figure CGD sera le Trigone des Signes.

Probleme XXVIII.

Tracer sur un Cadran les courbes que l'ombre de la pointe de l'axe doit suivre à l'entrée du Soleil dans chaque signe du Zodiac.

Solution.

Pour résoudre ce problême , il n'y a qu'à détermi-ner sur les lignes horaires AN , AV , AVI , AVII , AVIII , AIX , AX , AXI , AXII , AI , les points dans lesquels elles sont coupées par les paralleles des Signes : Pour cela , je suppose que la ligne PH est l'équinoxiale du Cadran , AB l'axe ; voulez-vous dé-terminer sur la ligne AXII de midi les points *n*, *m*, *l*, *q*, *h*, *r*, où elle est coupée par les lignes ♑♈, ♒♐, ♓♏, ♉♍, qui représentent les courbes que la pointe B de l'axe décrit sur le Cadran à l'entrée du Soleil dans chaque signe du Zodiac.

1°. Prenez avec un compas la distance de la pointe B , de l'axe jusqu'au point 12 , où l'équinoxiale & la

ligne horaire AXII s'entrecoupent , portez cette diftance fur l'équinoxiale GB du trigone de G en F.

2°. Sur l'horaire AXII , prenez depuis le point 12.
une portion arbitrale 12 *x* , puis du centre F , & pour
rayon la ligne 12 *x* , décrivez un petit arc de cercle *ao*.

3°. Prenez avec un compas la diftance de la pointe
B de l'axe jufqu'au point *x* marqué fur l'horaire AXII,
& du centre G de l'analemme ou trigone des fignes
avec le rayon B*x* , décrivez un petit arc *mn* qui coupera l'arc *ao* en *f*.

4°. Du point *f* au point F , tirez la ligne indéfinie
fg , qui fera divifée dans les points N , M , L , Q ,
H , R , par les rayons GC , GI , GB , &c. du
trigone.

5°. Tranfportez avec un compas fur l'horaire
AXII , de part & d'autre du point 12 les divifions
de la ligne *fg* de part & d'autre du point F ; ainfi vous
porterez le fegment FQ de 12 en *q* , le fegment FL
de 12 en *l*, le fegment FH de 12 en *h* , le fegment FM
de 12 en *m* le fegment FR de 12 en *r*, le fegment FN
de 12 en *n*; les points *n, m, l, q, h, r,* feront ceux par lefquels doivent paffer les courbes que l'ombre de la
pointe B doit tracer fur le Cadran à l'entrée du
Soleil dans chaque figne du Zodiac.

On opérera de la même maniere pour trouver fur
les autres lignes horaires les points des paralleles des
fignes ; par exemple , pour trouver ces points fur
l'horaire AXI , vous prendrez fur l'équinoxiale GB
du trigone , le fegment GE égale à la diftance
de la pointe B de l'axe jufqu'au point 11 , ou l'é-
quinoxiale PH & l'horaire AXI s'entrecoupent ,
vous marquerez un point *o* fur l'horaire AXI, du point
G pour centre , & pour rayon B*o* diftance de B au
point *o* , vous décrirez un petit arc *e* ; du point E
pour centre & pour rayon la diftance de B à 11. vous
ferez un autre petit arc *e* ; du point *e* par E , menez

la ligne *e* A qui fera divifée dans les points *t* , *x* , *y* , *z* , *s* , *u* , par les rayons du trigone ; vous porterez fur l'horaire AXI de part & d'autre du point 11 , les divifions E*z* , E*y* , E*s* , E*x* , E*u* , E*t*. Faites paffer des lignes courbes par les divifions des lignes horaires trouvées par les regles précédentes, vous aurez les paralleles du Soleil.

Dé'monstration.

Par conftruction le côté FG du triangle FG*f* eft égal à la diftance de la pointe B de l'axe AB jufqu'au point 12. dans lequel l'horaire AXII , eft coupée par l'équinoxiale PH ; le côté G*f* eft auffi égal par conftruction à la diftance de la pointe B de l'axe jufqu'au point *x* marqué fur l'horaire AXII ; enfin le côté F*f* eft par conftruction égal au fegment 12 *x* de l'horaire AXII. Par conféquent fi on fait trouver par la penfée le triangle ABO autour de la fouftilaire AC, en forte qu'il foit d'équerre avec le Cadran , le centre G du trigone étant appliqué à la pointe B de l'axe , en forte que le point F de la ligne GB touche le point 12. le point *f* tombera fur le point *x* , & la ligne F*f* fera collée fur 12*x*. D'ailleurs les rayons GQ , GL , GH , GM , GR , GC ; du trigone couperont l'horaire AXII dans les points *q* , *l* , *h* , *m* , *r* , *n* , puifque les fegmens 12*q* , 12*l* , 12*h* , 12*m* , 12*r* , 12*n* , font par conftruction égaux aux fegmens FQ , FL , FH , FM , FR , FN. Or les points F , Q , L , H , M , R , N , font ceux dans lefquels les paralleles du Soleil divifent la ligne *fg* , ce qui eft évident par la figure du Trogone ; par exemple , le Soleil étant au Tropique du Cancer ♋ en *c* , l'ombre du centre G tombera fur le point R ; donc l'ombre de la pointe B de l'axe qui repréfente le centre G du Trigone , tombera fur le point *r* de l'horaire AXII ; il en eft de même des autres. Donc les

points , *n* , *m* , *l* , 1 2 , *q* , *b* , *r* , font ceux dans
lefquels les paralleles du Soleil coupent l'horaire
AXII. *C. Q. F. D.*

REMARQUE I.

L'on fuppofe que le point x *de l'horaire* AXII. *eft plus
feptentrional que le point* 1 2.

REMARQUE II.

Lorfque le Soleil eft dans l'équateur , la pointe B *de
l'axe décrit une ligne droite* PH *fur le Cadran , ce qui
eft évident.*

FIN.

TABLE
DES MATIERES
Contenues dans cet Ouvrage.

LIVRE PREMIER.

De la Sphére.

LIVRE SECOND.

TABLE

LIVRE TROISIEME.

CHAPITRE PREMIER.

De la description des Cadrans simples.

CHAPITRE SECOND.

Des Cadrans Composés.

Fin de la Table.

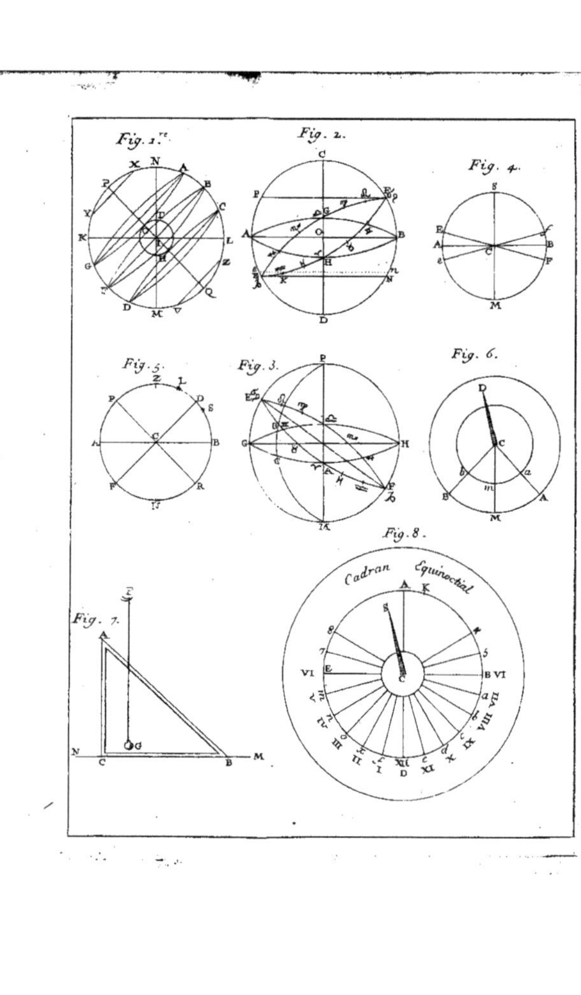

Fig. 1.re
Fig. 2.
Fig. 4.
Fig. 5.
Fig. 3.
Fig. 6.
Fig. 7.
Fig. 8.
Cadran Equinoctial

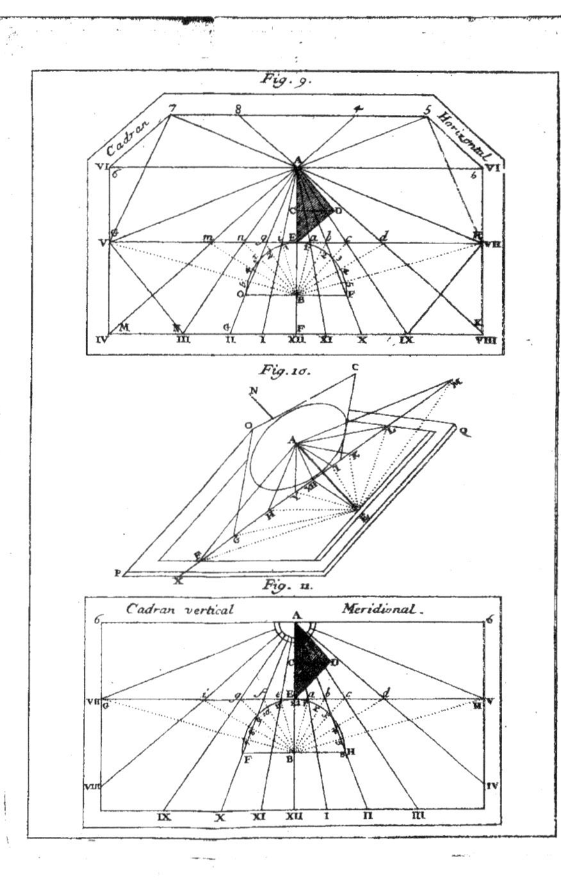

Fig. 9.
Cadran
Horizontal
Fig. 10.
Fig. 11.
Cadran vertical
Meridional.

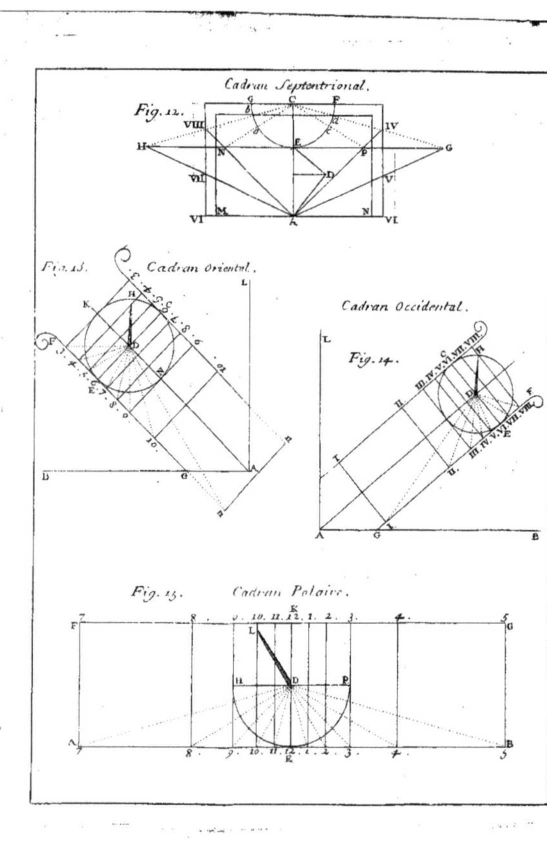

Cadran Septentrional.
Fig. 12.
Cadran Oriental.
Fig. 13.
Cadran Occidental.
Fig. 14.
Cadran Polaire.
Fig. 15.

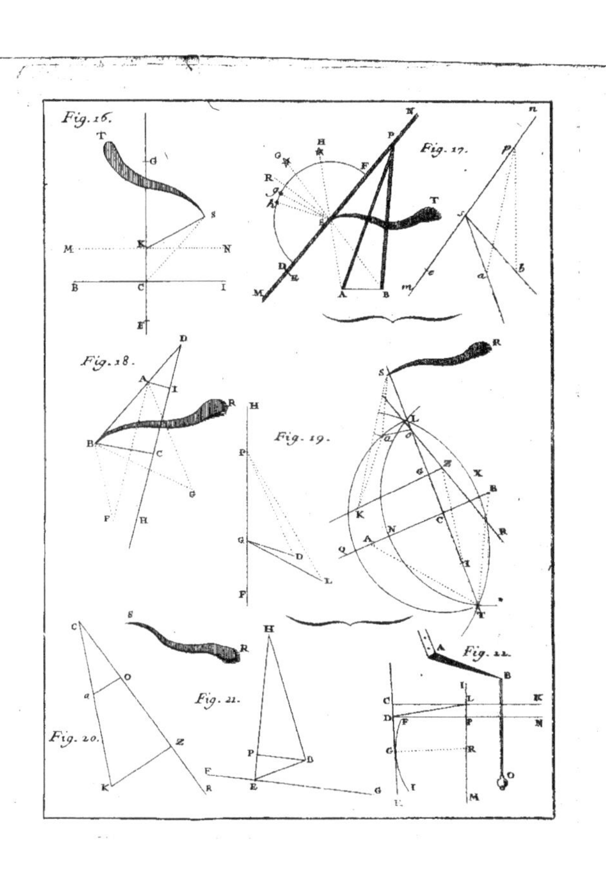

Fig. 16.
Fig. 17.
Fig. 18.
Fig. 19.
Fig. 20.
Fig. 21.
Fig. 22.

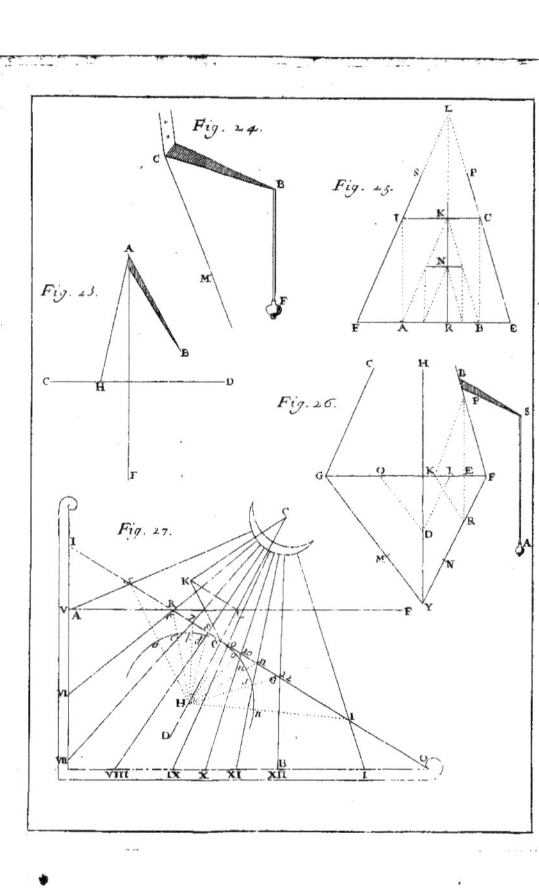

Fig. 24.
Fig. 25.
Fig. 23.
Fig. 26.
Fig. 27.

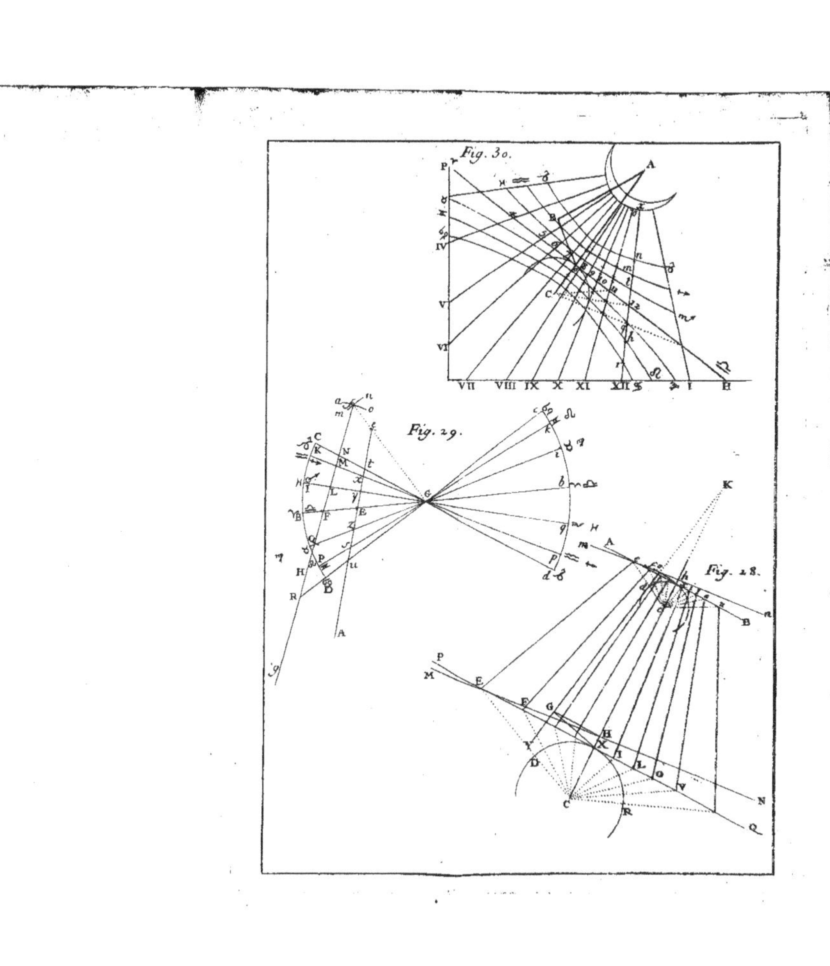

Commandeur de nos Ordres, & qu'il en fera enfuite mis deux exemplaires dans notre Bibliotheque publique, un dans celle de notre Château du Louvre, & un dans celle de notre très-cher & féal Chevalier, le Sieur Daguesseau, Chancelier de France; le tout à peine de nullité des Préfentes, du contenu defquelles vous mandons & enjoignons de faire jouir ledit Expofant & fes ayans caufes pleinement & paifiblement, & fans fouffrir qu'il leur foit fait aucun trouble ou empêchement. Voulons que la Copie defdites Préfentes qui fera imprimée tout au long au commencement ou à la fin dudit Ouvrage foi foit ajoutée comme à l'original. Commandons au premier notre Huiffier ou Sergent fur ce requis de faire pour l'exécution d'icelles tous Actes requis & néceffaires fans demander autre permiffion, & nonobftant clameur de haro, Charte Normande & Lettres à ce contraires. Car tel eft notre plaifir. Donné à Verfailles le fixiéme du mois de Décembre, l'an de grace 1743. & de notre Regne le vingt-neuviéme. Par le Roy en fon Confeil. SAINSON.

A V I S.

L'Auteur de ce Traité eft celui des Elémens de Géométrie du prix de 7 liv. 10 f. qu'on a donné l'année derniere pour l'ufage, principalement des Colléges, dont ils ont été fi bien reçûs, qu'encouragé par ce fuccès, l'Auteur n'a pas refufé plus long-tems aux curieux & aux gens de l'art le Traité de Gnomonique qu'il avoit compofé.

Pour ne point répeter dans ce Traité des propofitions qui fe trouvent déja dans les Elémens de Géométrie, l'on a pris le parti d'y renvoyer le Lecteur.

Le même Auteur prépare les Elémens de la Méchanique & de l'Hydraulique.